Kohlhammer

Rat + Hilfe

Fundiertes Wissen für Betroffene, Eltern und Angehörige –
Medizinische und psychologische Ratgeber bei Kohlhammer

Eine Übersicht aller lieferbaren und im Buchhandel angekündigten Ratgeber aus unserem Programm finden Sie unter:

 https://shop.kohlhammer.de/rat+hilfe

Die Autorinnen

Gabriele Röhrig-Herzog, Prof. Dr. med., MPH, ist Geriaterin und Psychotherapeutin an der Hochschule für Gesundheit, Pädagogik und Soziales EUFH in Köln und leitet dort die geriatrische Hochschulsprechstunde.

Ramona Waterkotte ist u. a. examinierte Altenpflegerin. Sie hat Erziehungswissenschaft und Soziologie B.A. sowie Schulmanagement M.A. studiert. Sie arbeitet an der Fort- und Weiterbildung der Universitätsmedizin Mainz sowie als freiberufliche Referentin und Projektleiterin zur Thematik Recruiting und Generationsmanagement.

Asha Kunnel, Dr. med., ist Neurologin, Nervenärztin und Geriaterin und als geschäftsführende Oberärztin im Cellitinnen Krankenhaus Köln in der neurologischen und fachübergreifenden Frührehabilitation tätig.

Gabriele Röhrig-Herzog
Ramona Waterkotte
Asha Kunnel

Wenn das Altern uns herausfordert

Alterssymptome verstehen und ihnen begegnen

Verlag W. Kohlhammer

1. Auflage 2024

Alle Rechte vorbehalten
© W. Kohlhammer GmbH, Stuttgart
Gesamtherstellung: W. Kohlhammer GmbH, Stuttgart

Print:
ISBN 978-3-17-043217-8

E-Book-Formate:
pdf: ISBN 978-3-17-043218-5
epub: ISBN 978-3-17-043219-2

Inhalt

Vorwort

Warum dieses Buch? »Noch ein Buch über Altersmedizin? Da gibt's doch schon so viele!« Das mag stimmen, aber diese Bücher sind für medizinisches Fachpersonal geschrieben. Für die wichtigsten Personen der Altersmedizin, unsere Patienten und deren Angehörige, gibt es hingegen bisher kein Buch über Altersmedizin. Und genau für sie haben wir dieses Buch geschrieben.

Wir alle arbeiten jeden Tag mit Menschen zusammen, die aufgrund ihres hohen Alters über viel mehr Lebenserfahrung verfügen als wir. Sie waren bei Ereignissen dabei, die wir nur aus Geschichtsbüchern kennen, und haben zum Teil Erfahrungen gemacht, die wir glücklicherweise nicht machen mussten. Sie sind lebenserfahren, haben viel erlebt und viel ertragen und sie wissen viel. Doch wenn es um die eigene Gesundheit im Alter geht, kommen diese lebenserfahrenen Menschen oft an unbekannte Grenzen, die sie mitunter resignieren lassen: »Im Alter hat man nur Leid und Schmerzen und ist nur noch krank!« Aber das stimmt nicht! Altern ist keine Krankheit, sondern eine Herausforderung. Und Herausforderungen haben diese Menschen in ihren langen Leben schon viele gemeistert. Man kann das eigene Älterwerden sehr wohl aktiv mit beeinflussen. Mit diesem Buch wollen wir all denjenigen interessierten Seniorinnen und Senioren sowie ihren Angehörigen zeigen, wozu Altersmedizin (= Geriatrie) gut ist, welche Angebote es gibt und wie sie helfen kann, neben gesundheitlichen Einschränkungen auch gesundheitliche Ressourcen zu entdecken, die jeder für sich nutzen kann. Wir wollen mit diesem Buch den Wissensdurstigen möglichst viel Zusammenhänge über die Gesundheit im Alter verständlich erläutern, wir wollen den Suchenden Informationen mitgeben, wo sie Hilfe bei der Pflege finden können, und wir wollen denjenigen, die sich niedergeschlagen fühlen, Mut machen, auch über Unterstützungs- und

Hilfsangebote nachzudenken, die sie bisher nicht kannten oder denen sie eher skeptisch gegenüberstanden.

Zugunsten einer lesefreundlichen Darstellung wird in diesem Werk bei personenbezogenen Bezeichnungen in der Regel die männliche Form verwendet. Diese schließt, wo nicht anders angegeben, alle Geschlechtsformen ein (weiblich, männlich, divers).

Gabriele Röhrig-Herzog, Ramona Waterkotte und Asha Kunnel

Einleitung

Was ist »Altersmedizin«?

Wenn ein Säugling Bauchweh hat, ein 5-jähriges Mädchen stark erkältet ist oder ein 14-jähriger Junge plötzlich Fieber bekommt, dann wird den Eltern ganz selbstverständlich geraten, mit ihren Kindern zum Kinderarzt zu gehen. Kindcrärzte kennen sich mit den besonderen Abläufen und Organfunktionen im Körper eines Kindes genau aus. Diese unterscheiden sich nämlich sehr oft von den Abläufen und Funktionen im Körper eines erwachsenen Menschen. Das hat man schon vor über 150 Jahren erkannt und um 1850 in Würzburg die erste Universitäts-Kinderklinik eröffnet.

Dass auch der Organismus von Senioren seine sehr eigenen Abläufe hat und sich Organfunktionen im Alter oft sogar sehr wesentlich von den Organfunktionen jüngerer Erwachsener unterscheiden, wurde erst viel später zu Beginn des 20. Jahrhunderts erkannt. Dem Arzt Ignatz Nascher (1863–1944) fiel 1908 bei einem Besuch des Wiener Versorgungsheimes Lainz auf, dass die hier versorgten älteren Patienten eine im Vergleich zu anderen Altersgenossen deutlich niedrigere Sterberate hatten. Das beeindruckte ihn sehr, denn die mittlere Lebenserwartung lag in Österreich um die Jahrhundertwende bei 40–43 Jahre. Was machte man anders im Versorgungsheim Lainz? Im Gespräch mit einem der behandelnden Ärzte erfuhr er: »Wir verfahren mit den Patienten hier so, wie ein Kinderarzt (Pädiater) mit den Kindern.« Diese Erkenntnis veranlasste Dr. Nascher, in Anlehnung an den Begriff »Pädiatrie« den Begriff »Geriatrie« zu prägen, als Bezeichnung für die Altersmedizin. Er legte damit den Grundstein für diese medizinische Fachrichtung.

In London machte die Ärztin Marjorie Warren ähnliche Beobachtungen bei den stationär versorgten Patienten und stellte fest, dass das Überleben deutlich besser wurde, wenn jeder der betagten Patienten seinen individuellen gesundheitlichen Bedürfnissen entsprechend behandelt wurde und nicht alle nach dem gleichen, einheitlichen Schema. Während ihrer leitenden Tätigkeit im Middlesex County Hospital ab 1935 erarbeitete sie erstmals konkrete klinische Konzepte zur Behandlung stationär versorgter chronisch Kranker, woraus sich in den folgenden Jahren die geriatrietypischen, individuell angepassten Therapiekonzepte entwickelten (Warren 1951).

Heute wissen wir, dass jeder ältere Mensch auch in gesundheitlicher Hinsicht ein Individuum ist und eine individuelle Diagnostik und Therapie benötigt. Das liegt daran, dass sich die Funktionen unserer Organe und unseres Körpers im Laufe des Lebens ganz unterschiedlich verändern. Dabei spielt zum einen sicher die Art und Weise eine Rolle, wie sehr wir auf unseren Körper im Laufe des Lebens achten: ob wir ihn regelmäßig überanstrengen durch Stress und schwere körperliche Arbeit; ob wir auf ihn hören, wenn er Ruhe braucht oder aber diese »Rufe« ignorieren; ob wir ihm zumuten, mit Schadstoffen fertigzuwerden wie Nikotin, Alkohol oder Drogen; ob wir ihn regelmäßig bewegen und damit unseren Muskeln die Möglichkeit geben, stark zu bleiben und den Körper zu halten. Natürlich spielen auch Erkrankungen, Unfälle oder vererbte oder angeborene Funktionsstörungen eine Rolle. Und zu guter Letzt ist natürlich auch unsere persönliche Einstellung zum Altwerden von großer Bedeutung.

Was macht ein Geriater (Altersmediziner)?

Ein Geriater ist ein Arzt, der eine zusätzliche, spezielle Ausbildung in Altersmedizin erworben hat und daher spezialisiert darauf ist, ältere Menschen, sogenannte geriatrische Patienten, gezielt zu behandeln. Ein Geriater kennt sich mit den Veränderungen der Organfunktionen im Alter aus und kann daher besser einschätzen, z.B. welche Medikamente sich für einen älteren Menschen eignen und welche dagegen überwiegend schaden würden. Auch ist ein Geriater in der Lage, durch spezielle, gezielte Untersuchungen und Testverfahren (Assessments) festzustellen, wo ein geriatrischer Patient seine Schwierigkeiten und Probleme hat und wo er hingegen vollkommen fit ist. Wenn ein Patient z. B. immer wieder stürzt, ist es sicher wenig hilfreich, mit ihm das Sprechen zu üben, denn das kann er ja. Hier ist es viel sinnvoller, gemeinsam mit dem Patienten herauszufinden, warum er immer wieder stürzt, ob er an Schwindel oder unter Schmerzen leidet, ob er vielleicht eine Schwäche in den Beinen verspürt oder ob er möglicherweise schlechter sieht als sonst. Wenn man auf so differenzierte Weise mit Hilfe der Assessments erfährt, wo die Ursache für das Stürzen liegt, kann man sie auch ganz gezielt behandeln und dem Patienten wieder helfen, sich sicherer zu bewegen.

Was sind Geriatrische Assessments?

Geriatrische Assessments sind bestimmte Untersuchungsmethoden, die zwei wichtige Aufgaben in der Geriatrie haben:

1. *Diagnosestellung*
   Mit Hilfe von geriatrischen Assessments kann ein Geriater feststellen, wo ein Patient Probleme hat und wo nicht. Das hilft zu vermeiden, dass ein Patient für etwas behandelt wird, wo ihm gar nichts fehlt. Auf der anderen Seite kann durch die Assessments viel genauer herausgefunden werden, wann und wo der Patient Probleme hat und wo sie herkommen. Dadurch kann man sie auch sehr gezielt behandeln.

2. *Therapiekontrolle*
   Assessments haben noch eine weitere wichtige Aufgabe: Man kann mit ihrer Hilfe prüfen, ob sich ein bestimmtes körperliches Problem unter der eingesetzten Therapie schon gebessert hat, z. B., ob ein Patient mit Unsicherheit beim Laufen schon wieder sicherer geworden ist und vielleicht sogar ohne einen Stock eine Strecke gehen kann. Dafür vergleicht man das Ergebnis des Assessments vor der Therapie mit dem Ergebnis des Assessments nach der Therapie und

kann daraufhin auch ziemlich genau sagen, wo der Patient noch Übung braucht oder auch welches Hilfsmittel er weiterhin braucht.

Geriatrische Assessments kommen routinemäßig im Rahmen von geriatrischen Behandlungen im Krankenhaus zum Einsatz, inzwischen aber auch zunehmend in Arztpraxen.

Was sind »geriatrische Syndrome«?

Unter einem geriatrischen Syndrom versteht man einen Befund, der im Unterschied zu jüngeren Patienten bei geriatrischen Patienten typischerweise durch mehrere, meist kombinierte Ursachen begründet wird und zu einer ganzen Kette von Folgestörungen führen kann. Betrachtet man zum Beispiel das geriatrische Syndrom »Sturz«, so ist zunächst einmal klar, dass man in jedem Alter stürzen kann, z. B. Kinder stürzen auf dem Spielplatz, Erwachsene beim Skilaufen oder von der Gartenleiter.

Meistens sind solche Stürze durch Stolpern oder Gleichgewichtsverlust bedingt und die Betroffenen können sich an den Sturz genau erinnern. Da ihre jüngeren Körper noch sehr viel belastbarer sind, heilen die Sturzfolgen wie Knochenbrüche, Verstauchungen oder Blutergüsse bei Erwachsenen gewöhnlich nach einer Behandlung auch schnell und folgenlos ab.

Bei geriatrischen Patienten sind Stürze dagegen oft durch mehrere gleichzeitig wirkende Faktoren bedingt wie bspw. Sehstörungen, Muskelschwäche, Taubheitsgefühle an den Füßen oder Beinen (Polyneuropathie) und Schwindelgefühle. Häufig kann auch eine Störung des Pulsschlages oder des Blutdruckes zu einem Sturz führen. Dann kann es auch vorkommen, dass sich die Personen gar nicht mehr an den Sturz erinnern, also eine Erinnerungslücke haben (Synkope). Das ist eine sehr wichtige Information für die behandelnden Ärzte und Therapeuten. Man unterscheidet daher bei geriatrischen Patienten auch zwischen einem intrinsisch (= durch eine Fehlfunktion von Herz, Kreislauf oder anderen Organen) und einem extrinsisch (= durch äußere Einwirkung bedingt, wie Aufprall, Stoß oder Stolpern) bedingten Sturz. Diese Informationen sind für die Ursachensuche sehr wichtig, um daraus Erkenntnisse zu ziehen, wie man zukünftig weitere Stürze vermeiden kann.

Oft klappt es auch nicht mehr rechtzeitig, den Sturz abzufangen. Wenn dann auch noch eine erhöhte Knochenbrüchigkeit (Osteoporose) hinzukommt, kann es schnell passieren, dass ein oder mehrere Knochen brechen. Sehr häufig sind das dann Teile des Oberschenkelknochens oder der Hüfte. Wenn der Betroffene versucht hat, sich beim Sturz noch abzufangen, kann es auch oft zu einem Bruch von Handgelenk oder Oberarm kommen. Auch wenn die Knochenbrüche dann durch Operation oder Ruhigstellung versorgt wurden, bleiben in vielen Fällen Folgestörungen bestehen. Nach Brüchen von Oberschenkel oder Hüfte bleibt meist eine eingeschränkte Gehfähigkeit bestehen, weswegen die Patienten dann eine Gehhilfe (Rollator oder Stock) benutzen. Dadurch, dass man mit zunehmendem Alter gerade bei fehlender Bewegung sehr schnell Muskelmasse verliert (Sarkopenie), kann es durch die abnehmende Bewegung nach einem Sturz auch innerhalb von Tagen bis Wochen zu einem Schwund der Muskelmasse und der Muskelkraft kommen, was das Risiko für einen neuen Sturz erhöht. Spüren diese Patienten zusätzlich Angst vor neuen Stürzen und bewegen sich deshalb auch weniger (Vermeidungsverhalten), steigt das Risiko zu stürzen noch einmal an. Ein Sturz beim älteren Menschen kann also – anders als bei vielen jüngeren Menschen – zum einen durch mehrere zusammenspielende Ursachen ausgelöst werden und zum anderen sehr weitreichende Folgen haben, welche die Selbstständigkeit im Alltag bedrohen und auch massiv einschränken können.

Weitere Beispiele für geriatrische Syndrome sind Störungen der Hirn- und Gedächtnisfunktion (Demenz/Delir), Blasenschwäche (Harninkontinenz), Mangelernährung (Malnutrition), Schluckstörungen (Dysphagie) oder auch eine gestörte Mundgesundheit oder Blutarmut (Anämie).

Wie erfolgt eine geriatrische Behandlung im Krankenhaus?

In Deutschland gibt es drei verschiedene Formen von geriatrischer Krankenhausbehandlung, die allerdings nicht in allen Bundesländern gleichermaßen angeboten werden:

1. *Akutgeriatrie*
   In einer Akutgeriatrie werden Patienten ab einem Alter von 70 Jahren behandelt, die an einem geriatrischen Syndrom leiden und eine akute behandlungsbedürftige Erkrankung haben wie z. b. eine Lungenentzündung oder ein Schmerzsyndrom. Sie werden gewöhnlich vom Hausarzt oder einem anderen mitbehandelnden Arzt eingewiesen, können aber auch im Notfall über eine Notaufnahme aufgenommen werden. Sind sie stationär aufgenommen, erhalten sie während des meist 15-tägigen Krankenhausaufenthaltes sowohl ärztlich-pflegerische Diagnostik und Therapie als auch bereits von Anfang an therapeutisches Training wie in einer Rehabilitation. Diese Kombination aus akuter Behandlung und Rehamaßnahmen nennt man daher auch geriatrische Frührehabilitation oder geriatrische Komplexbehandlung. Diese werden in Abteilungen angeboten, die sich Akutgeriatrie oder auch einfach nur Geriatrie nennen. Die Patienten werden von einem Behandlungsteam betreut, das sich aus Altersmedizinern (Geriatern), Pflegefachkräften, Therapeuten (Physiotherapie, Ergotherapie, Logopädie), Sozialarbeitern und Neuropsychologen zusammensetzt. Um genau zu wissen, woran der jeweilig neu aufgenommene Patient leidet, ob Funktionsstörungen von Körper oder Gedächtnis vorliegen, vielleicht eine Muskelkraftminderung oder Gehstörung bestehen und ob der Patient seine Alltagtätigkeiten noch selbstständig durchführen kann, untersucht man den Patienten mit Hilfe geriatrischer Assessments. Diese werden zu Beginn des Aufenthaltes und kurz vor der Entlassung durchgeführt. Man vergleicht dann die Ergebnisse miteinander und kann so erkennen, in welchen Bereichen der Patient nach der Entlassung möglicherweise weitere Unterstützung benötigt. Diese kann nach

Absprache vom Sozialdienst organisiert werden. Gemeinsam mit dem Patienten und seinen Angehörigen werden diese Angebote besprochen, damit der Patient selbst entscheiden kann, welche Maßnahmen er bevorzugt. Bei Entlassung bekommt der Patient gewöhnlich einen Entlassbrief für den Hausarzt mit, in dem sowohl die Diagnosen und durchgeführten Therapien als auch die Ergebnisse der geriatrischen Assessments und die Medikamente aufgeführt sind.

2. *Geriatrische Rehabilitation*
In einer geriatrischen Rehabilitation werden ebenfalls Patienten über 70 Jahre aufgenommen. Der Unterschied ist, dass der Patient nicht an einer akut behandlungsbedürftigen Erkrankung leidet. Meist sind diese Patienten schon wieder deutlich gesünder als Patienten in der Akutgeriatrie und können sich im Alltag ohne oder mit nur wenig Unterstützung selbst versorgen. Ein Aufenthalt in einer geriatrischen Rehabilitation ist nur dann möglich, wenn vorher bei der Krankenkasse ein Antrag gestellt wurde und dieser für einen bestimmten Zeitraum (meist für drei Wochen) bewilligt wurde. Auch in einer geriatrischen Rehabilitation wird der Patient von einem Team betreut, allerdings liegt hier der Behandlungsschwerpunkt bei den Therapeuten. Anders als in der Akutgeriatrie machen die Geriater in einer geriatrischen Rehabilitation gewöhnlich nicht jeden Tag Visite, weswegen die Patienten mitunter auch an manchen Tagen keine Ärzte sehen, obwohl sie da sind. Ebenso wie in einer Akutgeriatrie werden auch in einer geriatrischen Rehabilitation geriatrische Assessments durchgeführt und deren Ergebnisse vom Aufnahmezeitpunkt mit denen vom Entlasszeitpunkt verglichen, um aus den Unterschieden Schlüsse darüber ziehen zu können, wo der Patient nach Entlassung noch Unterstützungsbedarf hat.

3. *Geriatrische Tagesklinik*
Für die Aufnahme in eine geriatrische Tagesklinik muss kein Antrag bei der Krankenkasse gestellt werden. Hier genügt eine Einweisung vom Hausarzt. Das Besondere an einer tagesklinischen (oder auch teilstationären) Behandlung ist, dass die Patienten nachts und am Wochenende zu Hause sind. Sie kommen an den Wochentagen morgens in die Tagesklinik, werden dort entsprechend der geriatrischen Assessmentergebnisse von Ärzten, Pflegemitarbeitern und Therapeuten betreut und behandelt und gehen nachmittags wieder nach Hause. Oft gibt es dafür

auch Fahrdienste. Patienten, die in eine Tagesklinik kommen, sind gewöhnlich fitter als Patienten in einer Akutgeriatrie und sind auch nicht akut erkrankt. Ein tagesklinischer Aufenthalt bietet sich für die Patienten an, die ihre Selbstständigkeit im Alltag erhalten wollen oder sich auch nach längeren Krankenhausaufenthalten wieder langsam in den häuslichen Alltag einleben wollen.

Gibt es auch eine geriatrische Behandlung in Arztpraxen?

Im ambulanten Bereich werden geriatrische Patienten meist von ihren Hausärzten behandelt, die idealerweise über Grundkenntnisse der Altersmedizin verfügen. Das ist jedoch nicht immer der Fall, da Hausärzte trotz ihrer breiten Ausbildung eigene Schwerpunkte haben, die nicht immer die Altersmedizin mit einbeziehen. Man kann daher offen danach fragen. Inzwischen gibt es sehr vereinzelt auch erste Praxen in Deutschland, in denen eine spezielle geriatrische Diagnostik von ausgebildeten Geriatern angeboten wird. Das ist bisher aber noch sehr selten. Allerdings wird auch in diesen Praxen keine Behandlung angeboten, die der Komplexbehandlung in einer Akutgeriatrie oder einer geriatrischen Rehabilitation gleicht. Auch gibt es im ambulanten Bereich leider bis heute keine geregelte Teamarbeit aus Geriatern, Pflegefachkräften, Therapeuten und Sozialarbeitern. Therapeuten können nur nach ärztlicher Überweisung handeln, Pflegefachkräfte können meist erst nur nach Bewilligung eines Pflegegrades aktiv werden und für eine sozialdienstliche Beratung kann man sich an lokale Bürgerbüros oder auch an Seniorenberatungszentren unterschiedlicher Trägerschaften wenden. Im ländlichen Bereich ist auch in diesen Fällen der Hausarzt der erste Ansprechpartner.

Was im Alter besser wird

Für viele Menschen ist Altern vor allem mit körperlichem und geistigem Abbau und Funktionsverlust verbunden. In unserer Gesellschaft wird Altern daher auch oft sehr negativ betrachtet. Dabei wird dann übersehen, dass Altern auch eine ganze Reihe Vorteile mit sich bringt:

- *Zeit*
  Durch den Eintritt in den Ruhestand endet die Verpflichtung für eine Berufstätigkeit. Hinzu kommt, dass sich die familiären Verpflichtungen ändern, die Kinder sind inzwischen erwachsen und selbstständig und der Alltagsstress wird weniger. Man hat mehr Zeit für sich und seine Interessen. Wer sich dennoch eine neue Aufgabe suchen will, kann das tun und dabei ganz gezielt nach einem Aufgabenfeld schauen, das den eigenen Ansprüchen auch entspricht. So gibt es Senioren, die sich ein Ehrenamt suchen oder eine Weiterbildung und mitunter auch ein Studium beginnen. Dadurch, dass der Druck wegfällt, finanziell unabhängig werden zu müssen, kann man sich auch viel entspannter in neue Aufgaben einarbeiten.
- *Lebenserfahrung*
  Zu keinem früheren Zeitpunkt verfügt man über so viel Lebenserfahrung wie im hohen Alter. Diese Lebenserfahrung kann einem persönlich helfen, Krisen besser zu bewältigen. Wenn man diese Lebenserfahrung mit anderen, jüngeren Menschen teilt (aber nicht aufdrängt!), kann man damit sehr hilfreich unterstützen und Mut machen.
- *Einflussnahme*
  Menschen, die auf ein langes Leben zurückblicken, haben sehr oft Zeiten, Abläufe und Entwicklungen erlebt, die jüngere Menschen nur aus Büchern oder Medien kennen. Hochbetagte Menschen können als Zeitzeugen sehr wesentlichen Einfluss auf den Umgang mit Geschichte nehmen und dazu beitragen, dass nicht vergessen wird, was in Erinnerung bleiben soll. Darüber hinaus regt der Austausch mit Hochbetagten über das »Früher« und »Heute« auch dazu an, Entwicklungen zu hinterfragen und neue Ideen aufkommen zu lassen.

- *Lesen ohne Brille*
Viele ältere Menschen benötigen mit zunehmendem Lebensalter eine Lesebrille. Das hängt mit der schwächer werdenden Verformbarkeit der Augenlinse zusammen. Dadurch kann man in der Ferne besser sehen als in der Nähe (Altersweitsichtigkeit). Kurzsichtige Menschen erleben mit zunehmendem Alter jedoch oft, dass sie aufgrund der Altersweitsichtigkeit auch ohne Brille lesen können und beim Zeitunglesen die Brille abnehmen, statt aufsetzen.
- *Gewicht darf höher sein*
Bei älteren Menschen gelten für den sogenannten Body-Mass-Index (BMI) andere Grenzwerte. Während bei jüngeren Menschen die Grenze des BMI von Normalgewicht zu Übergewicht schon bei 25 kg/m^2 liegt, verschiebt sie sich bei hochbetagten Personen auf > 25 kg/m^2. Das liegt an einer veränderten Verteilung von Fettgewebe und Wasseranteilen im Körper. Ältere Menschen mit einem höheren BMI haben bei schweren Erkrankungen auch eine größere Genesungschance als Patienten mit einem niedrigeren BMI.
- *Zurückgeben können*
Gerade wenn die Ehefrau aufgrund von akuten oder chronischen Erkrankungen eine Pflegebedürftigkeit entwickelt und der Ehemann in den Part des Pflegenden kommt, sprechen nicht wenige davon, etwas zurückgeben zu können, wofür sie tiefe Dankbarkeit empfinden. Denn meistens haben die Ehefrauen zu Gunsten der Kinder in der Vergangenheit verzichtet.
- *Normalität*
Nirgendwo sonst werden Krankheit und Defizite so gut toleriert und akzeptiert wie in einer intakten Familie. Betroffene müssen sich nicht verstellen, sie müssen nicht zwingend Leistungen erbringen, zu welchen sie körperlich einfach nicht mehr in der Lage sind. In seiner Erkrankung angenommen zu werden und diesen Zustand, eben auch eine Pflegebedürftigkeit als Normalität zu akzeptieren, ist ein innerfamiliärer, sehr positiver Effekt für alle Beteiligten.

1 Kommunizieren können

1.1 Demenz

Die Demenz ist eine Erkrankung, mit der die meisten von uns früher oder später konfrontiert sein werden, sei es aufgrund einer eigenen Erkrankung und/oder durch Menschen in unserem beruflichen/privaten Umfeld. Ursache hierfür ist der demografische Wandel, das heißt, dass die Zahl der Menschen im jüngeren Alter sinkt und gleichzeitig die Zahl älterer Menschen steigt.

Was ist eine Demenz? Die Demenz ist eine Erkrankung, die verschiedene kognitive Funktionen betrifft. Damit sind nicht nur Störungen der Merkfähigkeit gemeint (sich an Dinge erinnern), sondern auch Störungen der Orientierung (Datum, Ort, Zeit, Situation, persönliche Daten), räumliches Vorstellungsvermögen, sprachliches Können, Arbeits-/Handlungsplanung, z. B. eine Waschmaschine bedienen, Einkaufsliste zusammenstellen etc. Meist treten die Veränderungen schleichend auf und werden vom engeren Umfeld zuerst bemerkt.

Von einer Demenz spricht man, wenn die Auffälligkeiten durch Assessments objektiviert und auch nach Schweregrad (leicht bis schwer) eingeteilt werden können, die Symptome mindestens sechs Monate bestehen, der Alltag eingeschränkt ist und andere Erkrankungen, die solche Symptome auslösen können, ausgeschlossen werden können.

Hierfür stehen mehrere Assessments zur Verfügung. Zu Beginn finden Screening-Assessments Anwendung, die zunächst einmal nur eine grobe Einschätzung zulassen und anhand derer man entscheiden kann, ob und welche weiteren Testungen erforderlich sind. Zu diesen Screenings-Assessments gehört z. B. der Minimental Status Test (MMST).

Im MMST werden u.a. die Orientierung, das Kurzzeitgedächtnis, der verzögerte Abruf (Dinge merken und dann nach einigen Minuten der Ablenkung wiedergeben), Rechenfähigkeit sowie visuokonstruktive Fähigkeiten (Muster erkennen und reproduzieren) beleuchtet. Dieser Test allein ist für eine differenzierte Beurteilung jedoch unzureichend.

Da die Diagnose einer Demenz eben nicht nur auf diesen Assessments beruht und auch die Durch- und Ausführung sowie Bewertung (Schulniveau, Muttersprache, körperliche Einschränkungen) durch einen erfahrenen Untersucher erfolgen soll, eignen sich diese Tests nicht zum »Hausgebrauch« und sollten auch nicht ohne das Vorliegen entsprechender Beschwerden durchgeführt werden.

Die o. g. Kriterien, die eine Demenz definieren, können bei jemandem auftreten, der allein lebt und durch einen Pflegedienst und Angehörige unterstützt wird, die alle zwei Tage vorbeischauen können. Genauso kann dies aber auch auf jemanden zutreffen, der umfassend pflegebedürftig und bettlägerig ist. Es gibt also eine große Bandbreite, weswegen man nicht allein von der Diagnose darauf schließen kann, dass jemand z. B. automatisch entscheidungsunfähig ist oder nicht allein leben kann!

Es gibt ein Recht auf Wissen, aber auch auf Nichtwissen – was spricht bei einer aktuell noch grundsätzlich nicht heilbaren Erkrankung für eine Abklärung? Es gibt Erkrankungen, die »Demenzsymptome« verursachen können, aber behandelbar sind. Oder aber diese Erkrankungen sind so bedrohlich, dass wenn man nicht umgehend spezifische Maßnahmen ergreift, diese schnell zum Tode führen können oder eine schwere Behinderung zur Folge haben können. Diese gilt es frühzeitig auszuschließen oder zu behandeln. Wenn die Diagnose früh gestellt wird, kann man mithilfe von psychologischen Tests feststellen, welche Bereiche noch gut erhalten sind, also wo die Ressourcen (Fähigkeiten) bestehen und worin die Schwächen liegen, um diese jeweils gezielt zu fördern und zu stärken. Auch wird weiterhin aktiv geforscht, so dass es nicht unwahrscheinlich ist, dass sich in den nächsten Jahren noch mehr Therapieoptionen ergeben werden. Manchmal hilft es, wenn man »weiß, womit man es zu tun hat«, das gilt für die Erkrankten selbst, aber auch für das Umfeld. Sie haben die Möglichkeit, Vorkehrungen zu treffen und ihren Willen festzulegen, solange sie das eben noch können und es somit auch rechtlich gültig ist. Allerdings sollte eine Abklärung nicht hinter dem Rücken des Betroffenen erfolgen. All dies sind bereits gute Gründe, sich mit der Demenz zu beschäftigen, denn man fürchtet besonders das, was man nicht kennt. Die Demenz kann man nicht anhand eines Blutwertes oder eines Befundes in der Bildgebung vom Kopf diagnostizieren. Zur Diagnosefindung zieht man unterschiedliche Befunde heran, einschließlich die Eigen- und Fremdanamnese. Die Diagnose sollte fachärztlich gestellt werden, d. h. durch einen Nervenarzt, Neurologen oder Psychiater. Auch sollten in einem Gespräch mit dem Facharzt medikamentöse Optionen besprochen werden.

Hier unterscheidet man grob Medikamente, die den Verlauf verzögern sollen bzw. das kognitive Niveau stabilisieren sollen, von solchen, die v. a. aufgrund von Verhaltensstörungen/Symptomen, die bei einer Demenz auftreten können, gegeben werden. Wenn möglich sollte gerade bei Menschen mit einer fortgeschrittenen Demenz versucht werden, das gewohnte Umfeld möglichst lange zu erhalten, d. h. dass eine stationäre Einweisung immer abgewogen werden sollte, wenn nicht gerade eine akut behandlungsbedürftige Erkrankung vorliegt. Die Diagnose einer Demenz impliziert natürlich nicht, dass automatisch keine medizinischen Eingriffe mehr erfolgen sollten oder es sich nicht lohnen würde, eine möglichst hohe Lebensqualität anzustreben. Letzteres ist keine Entscheidung, die der Arzt trifft, sondern Sie!

Es ist natürlich nachvollziehbar, dass manche Entscheidungen lieber verdrängt werden, sowohl von den Betroffenen als auch von den Angehörigen, aber gerade deshalb sollen die Möglichkeiten, die Sie haben, in diesem Ratgeber erwähnt werden. Grundsätzlich gilt dies natürlich für jede Art von Erkrankung, die dazu führen kann, dass Sie Ihren Willen nicht mehr selbstverständlich äußern können.

Wichtige Dokumente zur Vorsorge

Hierbei unterscheidet man verschiedene Formen von Dokumenten, die Ihren Willen zu gesundheitlichen Fragen äußern können.

Patientenverfügung: In einer Patientenverfügung können Sie detailliert darlegen, welche Maßnahmen Sie als Patient wünschen, bspw. in Bezug auf Ernährung, Medikamentengabe und Reanimation. Diese sollte jedoch durch eine Vorsorgevollmacht oder Betreuungsverfügung ergänzt werden, da es jemanden braucht, der den Willen durchsetzt und ggf. hierfür erforderliche Unterschriften leistet.

Vorsorgevollmacht: Eine Vorsorgevollmacht können Sie zugunsten einer Ihnen nachstehenden Person (Verwandtschaft ist nicht zwingend) ausstellen. Diese wird als Ansprechpartner für Ihre Belange benannt. Hierfür ist wichtig, dass Sie diese Person in Kenntnis gesetzt haben, v. a. aber auch, dass diese Person Ihre Wünsche kennt. Denn letztendlich geht es darum, was SIE wollen, das muss inhaltlich nicht mit dem übereinstimmen, was der Vorsorgebevollmächtige für sich selbst will. Daher ist es so wichtig und auch nur fair, dass Sie über Ihre Wünsche ein ausführliches und klares Gespräch führen, ggf. auch wiederholt. Für die Ausstellung der Vollmacht ist es erforderlich, dass Sie kognitiv dazu in der Lage sind, diese Entscheidungen zu treffen. Eine notarielle Beglaubigung ist nicht zwingend erforderlich sein, kann jedoch rechtlich ggf. weniger anfechtbar sein (insbesondere bei Vermögensangelegenheiten) und oft weiss der Notar auch auf welche Formulierungen Sie besonders achten sollten.

Gesetzliche Betreuung: Sollte zu dem Zeitpunkt, an dem Sie leider Ihre eigenen Belange nicht mehr selbst vertreten können, keine Vorsorgevollmacht oder Patientenverfügung vorliegen, wird eine gesetzliche Betreuung erforderlich sein. Der Begriff »gesetzlich« bezieht sich darauf, dass diese Betreuung durch das Amtsgericht ernannt wird. Wenn niemand sonst vorhanden ist, kann dies ein vom Gericht bestellter Betreuer sein, idealerweise aber auch eine Ihnen nahestehende Person. Die Betreuung kann beim zuständigen (abhängig vom Wohnort) Amtsgericht gestellt werden, welches daraufhin ein Gutachten durch einen qualifizierten Facharzt veranlasst, mit der Frage, ob und wenn ja, wie lange eine Betreuung voraussichtlich erforderlich ist. Außerdem wird darüber entschieden, für welche Bereiche die Betreuung erfolgen soll. Existiert bereits eine Vorsorgevollmacht, besteht keine Indikation für eine Betreuung! Eine Betreuung durch einen Berufsbetreuer ist mit Kosten verbunden.

Hierbei sollte jedoch beachtet werden, dass sowohl bei der Vorsorgevollmacht als auch Betreuungsverfügung die Bereiche, für die sie gelten sollen, benannt werden müssen. Dies kann umfassend sein, oder aber unterteilt sein in verschiedene Bereiche wie medizinische Angelegenheiten/Aufenthaltsbestimmungsrecht/Finanzen/Öffnen und Weiterleiten von Post. Sollte bspw. eine Vollmacht nur für den Bereich der Finanzen bestehen, dürfte die Tochter als Bevollmächtigte nicht in medizinische Eingriffe einwilligen. Wenn der Patient selbst nicht mehr einwilligen kann, kann der Eingriff nur erfolgen, wenn jemand Befugtes unterschreibt – hierfür müsste zunächst beim Amtsgericht eine gesetzliche Betreuung beantragt werden, die auch die Tochter übernehmen könnte. Grundsätzlich (je nach Indikation) kann die Notwenigkeit einer Betreuung auch aufgegeben werden, das gilt für Erkrankungen/Zustände, die nicht chronisch sind, wie z. B. eine vorübergehend starke Sprachstörung nach einem Schlaganfall.

Seit Januar 2023 gilt das neue Gesetz »Notvertretungsrecht für Ehegatten«. D. h., dass Ehegatten das sogenannte Notvertretungsrecht ermöglicht wird. Auch wenn keine Patientenverfügung oder Vorsorgevollmacht vorliegt, können Verheiratete dann Entscheidungen über die Behandlung des erkrankten Ehepartners treffen, sofern er krankheitsbedingt nicht in der Lage ist, diese Entscheidungen selbst zu treffen. Das Recht zur Gesundheitsfürsorge ist auf einen Zeitraum von sechs Monaten begrenzt und räumt nur eingeschränkt vermögensrelevante Entscheidungen ein. Eine Vorsorgevollmacht ist daher deshalb trotzdem empfehlenswert. Denken Sie daran, dass sowohl ein Vorsorgebevollmächtigter oder Betreuer nur dann für Sie entscheiden darf, wenn Sie selbst es nicht mehr können. Auch aufgrund der für eine gesetzliche Betreuung durch einen Berufsbetreuer anfallenden Kosten, sollte eine Vorsorgevollmacht in Erwägung gezogen werden. Letztendlich hängt es davon ab, ob Sie als Betroffener sich rechtzeitig selbst kümmern können und eine bestimmte Person im Sinn haben, die Sie vertreten soll.

Fallbeispiel

Frau Marianne J. ist eine 86-jährige Patientin, die zu Hause i. R. eines Stolpersturzes fiel und sich eine Oberschenkelhalsfraktur zuzog. Sie lebte bislang allein und war mit leichter Unterstützung im Haushalt und mit Hilfe beim Anziehen der Stützstrümpfe selbstständig. Als Vorsorgebevollmächtigte wurde schon vor Jahren die jüngere Tochter eingesetzt. Über die Operation wurde daher die Tochter aufgeklart. Wie beurteilen Sie dies? Natürlich sollte man, wenn möglich und auch durch den Betroffenen gewünscht, auch nahestehende Menschen miteinbeziehen, aber in diesem Fall gab es keinen Anhalt dafür, dass die Vorsorgevollmacht zum Einsatz kommen sollte, da Frau J. sowohl vor als auch nach dem Sturz »geistig klar« war. Wie erläutert greift eine *Vorsorge*vollmacht in dem Fall noch nicht. Kurz gesagt, die Patientin selbst wurde fälschlicherweise übergangen – diese hätte aufgeklärt werden und selbst unterschreiben müssen.

Beachte: Die Kombination Vorsorgevollmacht + »alter« Mensch bedeutet natürlich nicht automatisch eine fehlende Einwilligungsfähigkeit.

Fallbeispiel

Herr Franz K. ist 76 Jahre alt, leidet an einem nicht mehr heilbaren Lungentumor und ist aktuell aufgrund wiederholter Lungenentzündungen in stationärer Behandlung. Er ist schon so geschwächt, dass er seinen Willen nicht mehr verständlich äußern kann, auch kann man sich nicht sicher sein, dass er die Erläuterungen und Fragen der Ärzte versteht. Es besteht jedoch eine Vorsorgevollmacht zugunsten des Sohnes. Aktuell stellt sich die Frage, ob der Vater zunächst künstlich ernährt werden soll, da er schon seit einigen Tagen keinen ausreichende Menge Nahrung mehr aufnimmt. Der Sohn äußert Folgendes: »Also ich würde in einem solchen Zustand nicht künstlich ernährt werden wollen.«
Wie beurteilen Sie dies? Es kommt nicht darauf an, was der Sohn

möchte, sondern was er denkt – besser noch weiß –, was der Vater wollen würde! Daraufhin ergänzt der Sohn: »Ich habe mit meinem Vater nie darüber gesprochen, ob er mal künstlich ernährt werden möchte, ich weiß auch ehrlich gesagt nicht, ob er Wiederbelebungsmaßnahmen zustimmen würde …«

Wie beurteilen Sie dies? Wenn Sie selbst auf jemanden eine Vorsorgevollmacht ausstellen, dann tragen auch Sie Verantwortung – nämlich die, den Vorsorgebevollmächtigten darüber zu informieren, was Ihr Wille ist. Auch sollten Sie selbst, wenn Sie eine Vorsorgevollmacht übernehmen, sich darüber bewusstwerden, dass Sie das Sprachrohr des Betroffenen sind, also nur im Sinn aller agieren können, wenn Sie wissen, was der Wille ist. Natürlich kann man im Vorfeld keinen festen Plan für alle Szenarien haben, aber es ist wichtig, dass Sie sich darüber austauschen, was Ihnen wichtig ist und worauf zu achten ist. Sie sollten dies wenn möglich auch im Verlauf evaluieren, insbesondere im Falle einer Erkrankung.

Autofahren bei Demenz

Eine Frage, die sich immer wieder stellt und die nicht selten zu Meinungsverschiedenheiten innerhalb einer Partnerschaft/Familie führt, ist die Frage nach der erhaltenen Fahreignung.

Die Demenz ist kein einheitliches Krankheitsbild. Eine beginnende Demenz bspw. ist nicht automatisch gleichzusetzen mit einer Fahruntauglichkeit, wohingegen bei schwerer Demenz nicht mehr von einer Fahrtauglichkeit auszugehen ist.

Dieses Thema ist daher so brisant, weil für viele Menschen das Autofahren als Innbegriff der Autonomie (Selbstbestimmung/Unabhängigkeit) gilt und auch mehr Möglichkeiten bietet, den Alltag zu gestalten. Bei einer Gefährdung im Straßenverkehr geht es jedoch nicht nur um die eigene Gefährdung, sondern ganz wesentlich auch um die aller anderen am Straßenverkehr teilnehmenden Menschen. Häufig sind es eher die nahestehenden Menschen, die die Fahrtauglichkeit des Betroffenen in Frage stellen und dabei auf großen Widerstand stoßen bzw. auf einen Unwillen, sich mit dem Thema auseinanderzusetzen.

Was kann man also als »Außenstehender« raten? Gerade bei beginnenden Einschränkungen bzgl. der Aufmerksamkeit/Konzentration/Sehen etc. kann versucht werden, die Anforderungen an das Fahren zu minimieren. D. h., dass versucht wird, lange Strecken zu vermeiden, unbekannte Strecken nur in Begleitung zu fahren bzw. nur in einem gewissen bekannten und übersichtlichen Radius zu fahren, ggf. nicht mehr nachts oder bei Regen zu fahren und auch alternative Angebote in Anspruch zu nehmen bzw. überhaupt erst einmal zu etablieren. Dafür ist es hilfreich zu hinterfragen, zu welchen Gelegenheiten noch Auto gefahren wird.

Wenn jemand bspw. das Auto braucht, für Einkäufe, Wasserkästen transportieren etc., kann gemeinsam überlegt werden, ob so ein Großeinkauf nicht von Angehörigen/Nachbarn übernommen werden kann und der Betroffene kleinere Aufgaben zu Fuß erledigen kann. Auch weitet sich das Angebot an lieferbaren Waren immer mehr aus. Hierfür wäre es erforderlich, dass der Betroffene dazu in der Lage ist, diese Einkäufe online zu bewerkstelligen und dementsprechend auch technisch befähigt ist. Oftmals gibt es bestimmte Urlaubsziele, die immer mit dem Auto angefahren wurden – vielleicht kann man alternativ auch öffentliche Verkehrsmittel nutzen oder sich tatsächlich auch Urlaubsziele heraussuchen, die ohne eigenes Auto erreichbar sind.

Man kann auch beobachten, dass einige Betroffene ganz froh sind, wenn ihnen die Entscheidung, nicht mehr zu fahren, abgenommen wird, da sie sich selbst nicht eingestehen wollten, dass ihnen das Fahren nicht mehr so leicht fällt wie früher. Sollte es bereits zu Gefährdungen gekommen sein, oder aufgrund des Verlaufs der Erkrankung klar sein, dass keine ausreichende Fahrtauglichkeit besteht, aber der Betroffene nicht einsichtig ist, können Sie ihn zwar nicht dazu zwingen, den Führerschein abzugeben, aber in einem solchen Fall wäre es tatsächlich zum Schutz aller legitim, die Schlüssel außer Reichweite zu haben, ggf. die Garage abzuschließen, das Auto mit leerem Tank auf dem Gelände stehen zu lassen oder das Auto wegzugeben/an ein Familienmitglied zu verleihen etc. Der Hausarzt sollte gebeten werden, ein Aufklärungsgespräch über die Fahrbedenklichkeit zu führen.

In Deutschland gibt es keine altersabhängigen Fahreignungsprüfungen und der Führerschein kann nicht einfach vom Arzt eingezogen werden. Allerdings gehört es zur ärztlichen Aufklärungspflicht, die Betroffenen und Angehörigen über eine ggf. bestehende Bedenklichkeit aufzuklären. Manchmal liegen dem Arzt für diese Einschätzung nicht alle Informationen vor, so dass Sie sich als Angehöriger an den Hausarzt wenden können bzw. bei einem begleiteten Arztbesuch das Thema ansprechen sollten. Warnsignale im Straßenverkehr können sein:

- Auffällig langsames Fahren
- (neue) Desorientiertheit an unübersichtlichen Abschnitten wie Kreuzungen, mehrspurige Straßen, Kreisverkehr
- Unentschlossenes Verhalten
- Verfahren auf bekannten Strecken
- Nicht-Beachten von Verkehrsschildern
- Beeinträchtigte Abstandseinschätzung, auch beim Parken
- Beinahe Unfälle
- Häufung von Strafzetteln
- Vermehrte Kratzer am Auto

Eine Überprüfung der Fahreignung kann bei der Führerscheinstelle der Gemeinde angemeldet werden, wenn Zweifel an der Fahreignung bestehen. Wenn Menschen mit einer schweren Demenz nachweislich Auto fahren, obwohl sie fahruntüchtig sind und obwohl sie darauf hingewiesen wurden, kann der Arzt, jedoch nur unter Abwägung der Schweigepflicht, die Fahrerlaubnisbehörde informieren. So kann der Arzt von dem »rechtfertigenden Notstand« Gebrauch machen, aber es gibt keine gesonderte gesetzliche Regelung, die es Ärzten erlaubt, ihre Patienten bezüglich der Fahreignung als auffällig zu melden.

Sie als Angehöriger hingegen können ebenfalls eine Meldung an die Führerscheinstelle machen, allerdings obliegt es letztendlich der Stelle, welche weiteren Schritte unternommen werden. Daher sollte die Meldung wenn möglich konkret und keinesfalls anonym erfolgen. Rechtlich gesehen befinden Sie sich als Angehöriger in keinem Spannungsfeld. Als Grundlage für die Beurteilung der Fahreignung dient ein Gutachten, das die Führerscheinstelle z. B. bei der Medizinisch-Psychologischen Untersuchungsstelle des TÜV in Auftrag geben kann. Betroffene können sich jedoch auch selbst an die Medizinisch-Psychologische Untersuchungsstelle beim TÜV wenden und sich freiwillig einer verkehrspsychologischen

Fahrverhaltensbeobachtung unterziehen. Alternativ kann man auch freiwillig ein Fahrsicherheitstraining beim ADAC oder auch diversen anderen Anbietern durchführen. Dies bietet sich insbesondere dann an, wenn Sie den Eindruck haben, etwas unsicherer beim Fahren geworden zu sein.

Zusammenfassend kann man sagen, dass im Bereich der Demenztherapien weiterhin viel aktive Forschung betrieben wird und grundsätzlich gilt, dass eine frühzeitige Diagnose wichtig ist, um so früh wie möglich zu therapieren, aber auch um andere Erkrankungen auszuschließen. Weiterhin bietet sich so die Möglichkeit, als Betroffener und Angehöriger die hier beschriebenen Aspekte im Sinne einer möglichst großen Selbstbestimmung zu berücksichtigen.

1.2 Delir

Fallbeispiel

Herr Friedrich W. stürzte beim Spazierengehen, weil er über eine Baumwurzel stolperte. Leider zog er sich dabei eine Fraktur eines Wirbelkörpers zu, so dass er operiert werden musste. Bislang lebte er mit seiner Ehefrau in einem Haus und war selbstständig. Frau W. besucht ihren Mann auf der Intensivstation, wohin er nach der Operation zunächst verlegt wurde.

Sie trifft ihn im Zimmer an, es sind gerade zwei Krankenschwestern bei ihm, die ihn festhalten, da er immer wieder versucht, sich die Schläuche zu ziehen und ungezielt um sich schlägt. »Gut, dass Sie kommen, vielleicht können Sie ja Ihren Ehemann beruhigen.« empfängt sie eine der Schwestern. Herr W. lässt auch tatsächlich zunächst von den Schwestern ab und schaut seine Frau fragend an. »Warum hast Du mich hier gelassen? Wo bin ich überhaupt?« Frau W. ist bestürzt, so kennt sie ihren Mann gar nicht. Beklommen schaut sie die Krankenschwestern an: »Es tut mir so leid, er ist eigentlich ein total lieber und höflicher Mensch. Was ist nur los, warum ist er so verwirrt? Wird er jetzt dement?«

Eine Demenz tritt wie beschrieben in der Regel nicht akut ein. Herr W. ist unbestreitbar desorientiert, gedanklich nicht geordnet, unruhig und kann die Situation nicht einschätzen. Was also liegt hier vor? Wir haben hier zwar Symptome, die bei einer Demenz auftreten können, aber wie oben beschrieben erfolgt die Diagnosestellung nicht nur durch die Beschreibung der Gedächtnisfunktionen.

Es handelt sich um ein sogenanntes Delir (delirier = aus der Spur geraten), die früher übliche Bezeichnung »hirnorganisches Psychosyndrom« oder »Durchgangssyndrom« sollte nicht mehr verwendet werden.

Man unterscheidet beim Delir zwei Formen, ein hyperaktives und hypoaktives Delir. Aus medizinischer Sicht sind beide gleich wichtig, letzteres birgt jedoch häufiger die Gefahr, übersehen zu werden, da die Patienten in einem solchen Fall durch verminderte Aktivität und durch »zu ruhig« sein auffallen. Ersteres kann oftmals als Ausdruck einer Demenz missverstanden werden.

Ein Delir ist im Gegensatz zur Demenz ein relativ akut auftretendes Krankheitsbild, das unbehandelt zum Tod führen kann. Im Gegensatz zur Demenz kann man beim Delir häufig auch akute Auslöser identifizieren und diese beheben, somit ist der wesentliche Unterschied zu einer Demenz, dass das Delir grundsätzlich behandelbar ist!

Fallbeispiel

Frau Wilma L. ist 88 Jahre alt, lebt allein und telefoniert täglich mit ihrer Tochter. Sie ist in dem letzten Jahr etwas »fahriger« geworden, macht aber im Prinzip alles allein mit Unterstützung durch eine Haushaltshilfe. An einem Montagabend beklagt Frau L. eine allgemeine Schwäche und unspezifisches Unwohlsein, aber ist soweit klar und orientiert. Am nächsten Tag meldet sich die Mutter am Telefon, erscheint aber irgendwie ein bisschen »durcheinander«, sie gibt aber auch an, nicht so viel geschlafen zu haben, obwohl sie viel gelegen habe. Appetit und Durst habe sie nur mäßig.

Am Folgetag besucht die Tochter ihre Mutter und stellt fest, dass sie unruhig hin und her läuft, unspezifische Schmerzen hat, verwirrter erscheint und undeutlich redet. Die Tochter ist besorgt und verständigt daher einen Krankenwagen.

In der Notaufnahme wird ein Schlaganfall ausgeschlossen, da man befürchtet hat, dass aufgrund der undeutlichen Sprache ein solcher vorliegen könnte. Die Ärztin wendet sich an die Tochter und fragt, ob es sein könnte, dass die Mutter dement sei? Man werde die Mutter aufnehmen und weitere Untersuchungen machen, aber so könne sie wahrscheinlich nicht mehr nach Hause. Die Tochter ruft ihren Bruder an:»Hallo Jochen, wir müssen uns zusammensetzen und überlegen, ob wir für Mutter einen Heimplatz suchen müssen.«

Eine Woche später kann Frau L. erfreulicherweise nach Hause entlassen werden.»Nicht, dass ich mich nicht freue, aber was war denn jetzt los?« fragt Jochen.

Bei Frau L. besteht fraglich eine leichte demenzielle Entwicklung, abgeklärt wurde dies noch nicht, da sie nur manchmal etwas »fahrig« war, aber sonst ja alles gut bewerkstelligen konnte. Es kam jedoch akut innerhalb weniger Tage zu der oben beschriebenen Verschlechterung. Es wurde eine Demenz oder Verschlechterung einer leichten Demenz vermutet. Daher wurde über die weitere Versorgung nachgedacht und in Frage gestellt, dass Frau L. so wieder nach Hause könne.

Doch was war eigentlich passiert? Frau L. hatte eine Harnblasenentzündung, also einen Infekt mit leicht erhöhter Temperatur. Dadurch war sie recht schlapp und hat viel im Bett gelegen, was dann dazu führte, dass wie weniger trank. Letztendlich hatte Frau L. ein Delir, dass nach Behandlung des Infektes und Flüssigkeitsausgleich komplett rückläufig war.

Was sind auslösende Faktoren? Besonders ältere Menschen sind bei Auftreten von bestimmten Einflüssen anfälliger für ein Delir. Das Alter ist eine häufige Ursache für eine erhöhte Empfindlichkeit.

Mögliche Ursachen für eine erhöhte Empfindlichkeit

- Alter
- Vorerkrankungen
- Gebrechlichkeit
- Soziale Isolation
- Sensorische Störungen
- Demenz

Mögliche Auslöser

- Infektionen/Fieber
- Flüssigkeitsmangel
- Stress
- Narkose
- Bestimmte Medikamente
- Unruhige Umgebung wie Intensivstation
- Aufgehobener Tag-/Nachtrhythmus; mangelndes Tageslicht
- Unzureichend behandelte Schmerzen

Je mehr Faktoren gleichzeitig bestehen, desto wahrscheinlicher ist das Auftreten eines solchen Zustandes. Ein hier genannter Faktor können bestimmte Medikamente sein, u. a. aus den Gebieten der Schmerztherapie, Urologie oder auch manche Psychopharmaka. Daher ist es wie im ► Kap. 3.1 »Polypharmazie« beschrieben so hilfreich, dass Sie notieren, wann Sie welches Medikament in welcher Dosierung einnehmen. Nicht immer kann man aus Mangel an Alternativen von vornherein auf alle potenziell delirauslösenden Medikamente verzichten.

Wie kann man unterstützen, wenn ein Angehöriger ein Delir entwickelt? Von folgenden Maßnahmen profitieren auch Demenzpatienten, die im Krankenhaus bzw. in einer fremden Umgebung sind. Man spricht von einer sogenannten »Milieutherapie« (Umgebungstherapie). Das bedeutet, dass man die Umgebung des Betroffenen (z. B. Zimmer im Krankenhaus) so gestaltet, dass Orientierung, Geborgenheit und Ruhe gefördert und

Stressfaktoren minimiert werden. Dies sollte idealerweise auch durch die Einrichtung, in der sich Ihr Angehöriger befindet, erfolgen, aber auch Sie können entscheidend mitwirken.

Tipp: Orientierungsfördernde Maßnahmen

- Kalender mit (aktualisierter) Markierung des jeweiligen Tages
- Gut lesbare Uhr
- Ggf. ein gut lesbarer und leicht verständlich geschriebener Text, in dem erläutert wird, wo sich der Patient warum befindet
- Telefonnummer der Angehörigen neben dem Telefon
- Wenn erlaubt, mit dem Patient auf den Flur oder in die Cafeteria gehen, um die Umgebung zu zeigen und auch die Sinne zu stimulieren
- Ausgleichen von sensorischen Einschränkungen durch Brille, Hörgerät

Tipp: Ruhe- und geborgenheitsfördernde Maßnahmen

- Vertraute Gegenstände wie z. B. eigenes Kissen
- Fotos von Angehörigen/Haustieren, ggf. auch mit Beschriftung
- Beliebte Musik bereitstellen
- Bücher/Zeitschriften
- Handarbeitsmaterial
- Wenn möglich und erlaubt Lieblingsessen und Trinken mitbringen
- Ggf. Lieblingsserie im TV anmachen lassen

Sollte es etwas geben, was Ihr Angehöriger gerne mag (isst, trinkt, sich beschäftigt) oder was ihn verängstigt oder in der Vergangenheit evtl. traumatisiert hat, sollten Sie das auch unaufgefordert an das Behandlungsteam weitergeben können, damit bestmöglich auf die Bedürfnisse eingegangen werden kann.

Zusammenfassend kann man sagen, dass Demenz nicht gleich Demenz ist (aufgrund der unterschiedlichen Ausprägungsgrade) und nicht jeder Verwirrtheitszustand gleich als Demenz zu bewerten ist.

2   Sich bewegen können

2.1   Schwindel und Gangunsicherheit

Fallbeispiel

Als es vor Monaten langsam begann, dachte Klaus S. noch, dass es sicher wieder weggehen würde, schließlich kannte er das taumelige Gefühl im Kopf ab und an von früher. Vor allem aus der Zeit, in der er damals mit seinen Freunden mal einen trinken war. Was lange her war, schließlich zählte er bereits 82 Jahre und das hier hatte mittlerweile nichts mehr mit dem damaligen Schwindel zu tun. An manchen Tagen kam er vor Mittag gar nicht aus dem Bett, weil sich, egal wie er seinen Kopf legte, alles drehte. Letzte Woche war er fast die Treppe heruntergefallen, einfach weil sich seine Welt drehte und drehte. Egal was er tat, es wurde nicht besser. Seine Frau meinte, dass er damit mal zum Hausarzt gehen sollte, aber die ganze Zeit im Wartezimmer mit der Problematik, nein, das konnte er sich nicht vorstellen. Irgendwie fühlte er auch Unwohlsein bei dem Gedanken, mit seinem Arzt über diesen elenden Schwindel zu sprechen. Dazu kam, dass er kaum noch rausging, was er früher immer gern gemacht hatte. Aber wenn sich die Erde unter ihm permanent drehte? Er war ja nicht verrückt und würde das Risiko eines Sturzes eingehen!

Schwindel ist bei älteren Menschen oft ein Leitsymptom, wobei Schwindel zusätzlich oftmals eine verminderte Aktivität des Betroffenen bedingt. Es kann sein, dass die Ursache für den Schwindel eine psychiatrische Grunderkrankung ist. Das bedeutet, dass Schwindel meistens eine begleitende Veränderung zu einer bestehenden Erkrankung sein kann. Schwindel und die Begleiterscheinungen zählen zu den zwanzig häufigsten Behandlungsgründen in Hausarztpraxen Grundsätzlich ist Schwindel somit ein vielfältig auftretendes Symptom, das in Dreh- oder Schwankschwindel oder Gleichgewichtsstörungen, Benommenheit und Gangunsicherheit einteilbar ist. Nicht selten führt Schwindel zu Stürzen, welche dann wiederum zu weiterer verminderter Mobilität und vor allem Sturzangst beitragen. Das Resultat bei älteren Menschen ist eine eingeschränkte Lebensqualität und der Verlust des Selbstvertrauens in die eigenen Fähigkeiten und Mobilität, was die Wahrscheinlichkeit auf Vereinsamung erhöhen kann. Angehörige und Betroffene sollten darauf achten, dass Schwindel, Gangunsicherheit sowie Gleichgewichtsstörungen nicht grundlegend vom behandelnden Arzt als normaler Alterungsprozess bagatellisiert werden. Vor allem dann nicht, wenn die Problematik, also der Schwindel und seine Begleiterscheinungen stetig zunehmen. Zwar liegen Schwindel selten lebensbedrohliche Ursachen zugrunde, dennoch sollte anhaltender oder zunehmender Schwindel, einhergehend mit weiteren Begleiterscheinungen wie Gangstörungen, ärztlich abgeklärt werden. Meistens liegen bei Schwindel im Alter unklare Reize und/oder eine fehlerhafte Verarbeitung der Reize im Gehirn vor.

> Achtung! Schwindel kann auch eine durch Medikamente ausgelöste Nebenwirkung sein. Dies sollten Sie mit dem Hausarzt oder Geriater besprechen.
>
> **Tipp:** Sollten Sie unter Schwindel leiden, schauen Sie, ob folgende Medikamente bei Ihnen angeordnet sind und als Auslöser in Frage kommen (▶ Tab. 2.1).

Tab. 2.1: Substanzklassen und Beispielsubstanzen, die auslösend für Medikamenten-induzierten Schwindel sein können (modifiziert nach Heinze et al. 2015, S. 47)

Medikamentengruppen	Um welche Medikamentengruppe handelt es sich?	Wirkstoffe (Beispiele)
Antiarrhythmika	Medikamente zur Therapie von Herzrhythmusstörungen	Flecainid, Amiodaron, Propafenon
Antidepressiva	Medikamente gegen Depressionen	Venlafaxin, Bupropion, Trimipramin, Amitriptylin
Antihypertensiva	Medikamente gegen Bluthochdruck	Bisoprolol, Candesartan, Hydorchlorthiazid, Enalapril
Antikonvulsiva	Medikamente zur Behandlung von epileptischen Anfällen	Phenytoin, Levetiracetam, Lamotrigin
Benzodiazepine	Medikamente, die angstlösend und beruhigend wirken	Lorazepam, Diazepam
Dopaminerge Medikamente	Medikamente gegen Parkinson	Levodopa, Selegilin, Pramipexol
Neuroleptika	Medikamente, die gegen psychotische Symptome wirken	Sulpirid, Risperidon, Quetiapin

Gerade bei älteren Menschen überwiegen zwei Formen von Schwindel besonders häufig:

1. Der benigne paroxysmale Lagerungsschwindel (BPPV): ein anfallsartig auftretender Drehschwindel, der aufgrund einer Position des Kopfes entsteht
2. Die bilaterale Vestibulopathie (BVP): ein teilweiser oder vollständiger, beidseitig auftretender Ausfall des Gleichgewichtsorgans

Weiterhin machen die Psyche, hierbei vor allem ängstliche Schwindeler-
krankungen, aber auch neurologische, orthopädische sowie internistische
Ursachen einen großen Ursachenanteil aus (Heinze et al. 2015).

Schwindel tritt bei älteren Menschen am häufigsten auf und kann
dementsprechend bei langem Anhalten zu immensen Folgen führen, wie
Gangunsicherheit, Vermeidungsverhalten, Immobilität, Verlust von Muskelmasse, zunehmende Schwäche, sozialer Rückzug, Stürze und Verletzungen (Lindenberger 2018). Je nachdem, wie ausgeprägt der Schwindel
ist, kann es helfen, wenn Sie sich stationär in einem Krankenhaus behandeln lassen. Hier kommt es vor allem darauf an, dass die persönliche
Krankheitsvorgeschichte strukturiert beleuchtet wird, um eine differenzierte Untersuchung zu erhalten, die die Form des Schwindels und somit
die Behandlungsmöglichkeiten klar aufzeigt (Heinze et al. 2015). Mögliche
Therapien können eine Kombination aus einem sensomotorischen Training und einer medikamentösen Therapie sein. In Einzelfällen kann auch
eine Operation helfen (Girrbach 2019).

> **Tipp:** Wenden Sie sich an das Deutsche Schwindel- und Gleichge-
> wichtszentrum (DSGZ), falls Sie weiterführend Unterstützung zur
> Problematik Schwindel benötigen.

2.2 Sturzereignisse

Fallbeispiel

Frau Sabine H. lebt mit ihrem Mann in der Häuslichkeit und wird
durch einen ambulanten Pflegedienst täglich morgens und abends beim
Verrichten der Körperpflege unterstützt. Der Ehemann übernimmt das
Richten der Mahlzeiten und gestaltet für beide den Tag. Sie ist seit zwei
Jahren an einem Rollator mobil und konnte sich in der gemeinsamen
Wohnung bisher gut und sturzfrei fortbewegen, was auch daran liegt,

dass der Sohn vor einigen Jahren alle Schwellen in der Wohnung entfernte und dadurch für Barrierefreiheit sorgte. Frau S. stürzt in letzter Zeit jedoch zunehmend. Der Ehemann ist in den Sturzsituationen hilflos und ruft den Pflegedienst zur Unterstützung dazu. Er kann sich nicht erklären, warum seine Frau stürzt und was es auslöst, da sie oft allein in einem anderen Zimmer stürzt, in welchem er zum Zeitpunkt des Sturzes nicht anwesend war. Frau S. musste nach Stürzen bereits in die Notaufnahme gebracht werden, um Knochenbrüche auszuschließen. Der Ehemann weiß auch nicht, was er noch tun kann. Oft initiiert er das Gespräch mit den Mitarbeitenden des Pflegedienstes. »Muss meine Frau jetzt in ein Pflegeheim? Kann man da denn gar nichts gegen machen?«

Zu Pflegende haben aufgrund normaler, sogenannter physiologischer Alterungsprozesse funktionelle Veränderungen auf der physischen, psychischen kognitiven und sensomotorischen Ebene. Wenn man von einer möglichen maximalen Leistung in folgenden körperlichen Prozessen ausgeht, dann kann festgehalten werden, dass die Leitgeschwindigkeit der Nerven etwa im 30. Lebensjahr im Zenit steht, was folglich bedeutet, dass die Leistung ab da stetig weniger wird. Auch die Muskelkraft eines Menschen und das Herzzeitvolumen haben ihren höchsten Punkt ca. um die 30 Jahre. Und das ist alterstechnisch schon hoch, denn das maximale Atemzeitvolumen steht mit dem ca. 20. Lebensjahr und die maximale Sauerstoffaufnahme steht mit Mitte zwanzig in ihrem Zenit. Sie sehen, die Physiologie und das Lebensalter bedeutet nur so viel, dass altersbedingte Veränderungen in jedem Lebensalter einsetzen und auftreten und nicht zwingend ausschließlich etwas mit dem hohen Lebensalter zu tun haben.

Die entstehenden Veränderungen im Alter führen zu verschiedenen Einschränkungen beim Betroffenen. Hier kann es also sein, dass zu Pflegende auf der physischen Ebene Schwindel und Gleichgewichtsstörungen haben, auf der sensomotorischen Ebene weniger Balancefähigkeit und auf der physischen Ebene kann eine Seheinschränkung, Muskelabbau, Gefäßerkrankungen in den Beinen oder aber auch Probleme mit der Kontinenz ursächlich sein (Bundesministerium für Gesundheit 2022). In wissenschaftlichen Studien konnte gezeigt werden, dass Menschen in Pflegeheimen besonders von Stürzen betroffen sind, wenn sie länger als drei Sekunden benötigen, um vom Sitzen in das Aufstehen zu kommen. Zusätzlich dazu erhöht sich das Risiko zu stürzen bei zu Pflegenden, wenn sie beim Greifen nach vorn in der Reichweite eingeschränkt sind (Strutz et al. 2020). Auch zu Pflegende mit einem BMI ≤ 21,5 kg/m² weisen dazu oftmals verschiedene Einschränkungen in den Bewegungsabläufen auf, was die Sturzgefahr erhöht und somit einen Prädikator darstellt (vgl. ebd.).

Stürze sind für zu Pflegende einschneidende Ereignisse, oftmals entwickeln ältere Menschen Sturzangst, was Stürze eher wahrscheinlicher werden lässt als sie minimiert. Zusätzlich zu sich einstellenden Ängsten bewegen sich Betroffene nach einem Sturzereignis weniger, um nicht erneut zu stürzen. Eine verminderte Bewegung ist jedoch bei zu Pflegenden kontraproduktiv. Hierbei darf nicht vergessen werden, dass schätzungsweise 30 von 100 Menschen über 65 Jahre in der Häuslichkeit stürzen (Bundesministerium für Gesundheit 2022). Die vorhandene Sturzfrequenz nach Altersgruppen zeigt, dass 33 % der über 65-jährigen und 50 % der über 80-jährigen zu Pflegenden einmal im Jahr stürzt, was zeigt, dass die Sturzwahrscheinlichkeit mit dem Alter ansteigt (Dönitz 2018). Weiterhin können Medikamente oder auch der Konsum von Alkohol Stürze begünstigen (Bundesministerium für Gesundheit 2022). Aufgrund eines hohen Lebensalters kann es zu unerwarteten Arzneimittelwirkungen kommen und somit zu Sturzereignissen (Burkhardt und Wehling 2010). Ungefähr die Hälfte aller Sturzereignisse ohne erkennbare Ursache sind auf Synkopen, sogenannte kurzzeitige Kreislaufkollapse, zurückzuführen. Die fehlende Erinnerung an mögliche Beschwerden im Vorfeld wie etwa Schwindel oder Benommenheit sind hier ursächlich. Oft trifft diese Problematik ältere Menschen mit einer demenziellen Erkrankung. Hier wirken sich vor allem Vorerkrankungen des Herzens, die Einnahme vieler Medikamente und eine Veränderung des Salz-Wasserhaushaltes aus (Haubrich 2022).

Was können Sie tun? Aus Perspektive der beruflichen Pflegepraxis können Sie im Vorfeld einige Möglichkeiten nutzen, um Sturzereignisse in der Häuslichkeit und natürlich auch in der stationären Langzeitpflege zu verhindern. Hier gilt es vor allem die Perspektive zu wechseln, um sich in den zu Pflegenden, seine Bedürfnisse und Mobilitätseinschränkungen sowie Risiken hineinzuversetzen. Es kann hier helfen, sich mal mit einem Rollator oder sogar Rollstuhl durch die Wohnung fortzubewegen, um sich für Sturzquellen zu sensibilisieren. Gerade in Bezug auf die oben genannten Prädikatoren, wie verlangsamtes Aufstehen oder ein Defizit der Reichweite beim Greifen nach vorn, sowie ein niedriger BMI in Kombination mit differenten Bewegungseinschränkungen können gut im häuslichen Umfeld bedacht werden. Gehen Sie durch alle Räume und achten Sie vor allem auf Folgendes:

• Sind alle Räume barrierefrei oder benötigt der zu Pflegende einen Kraftaufwand, um in ein Zimmer zu gelangen?
• Liegen Teppiche aus und wenn ja, stehen Teppichkanten ab, wenn auch nur minimal? Hierbei muss bedacht werden, dass bereits minimal abstehende oder eingerollte Kanten die Sturzgefahr für zu Pflegende erhöhen.
• Sind alle täglich benutzten Dinge des Alltags für den zu Pflegenden in Reichweite oder ist er gezwungen, aufzustehen, sich lang zu hangeln, hochzuziehen oder ähnliches, um an seine gewohnten Dinge zu kommen? Dieser Aspekt ist nicht unerheblich, vor allem für rollstuhlpflichtige zu Pflegende, aber auch bei dem zwingenden Bedarf eines Rollators zur Fortbewegung.
• Wie voll stehen die Zimmer? Ist ausreichend Platz, um den Rollator oder Rollstuhl zu wenden, sich zu drehen und sich fortzubewegen, oder muss jongliert werden, um alle »Hindernisse« zu umfahren?

Kurzum, achten Sie als Betroffene, Angehörige oder Partner auf Stolperfallen und versuchen Sie, diese so gut es geht zu minimieren und vor allem keine neuen Gefahrenquellen zu errichten. Um sich daran zu erinnern, können Sie ruhig regelmäßig in die Perspektive des Betroffenen mit Hilfsmittel gehen.

Tipp: Es empfiehlt sich, zu Pflegenden Aktivierungs- und Bewegungsprogramme anzubieten. In der Häuslichkeit sind solche über Physiotherapeuten oder auch über Alltagsbegleiter möglich, wobei die Fachgruppe der Physiotherapeuten hier noch einen therapeutischen Ansatz hätte, während Alltagsbegleiter eher den Faktor Beschäftigung präferieren. Beides kann für zu Pflegende, angepasst auf die jeweilige

Erkrankungssituation, hilfreich sein, um die vorhandene Beweglichkeit und somit Mobilität zu halten und/oder zu stärken oder auch nach einem Sturzereignis wiederherzustellen. Weiterhin können Sie mit Hilfe eines Sanitätshauses prüfen, ob Sie mit dem richtigen Hilfsmittel versorgt sind. Oftmals sind gerade Rollatoren nicht an die Körpergröße des Nutzers angepasst. Auch der Optiker und Hörakustiker kann Seh- und Hörsinn überprüfen und ggf. Hilfsmittel anfertigen, weil Hören und Sehen aufgrund altersphysiologischer Veränderungen zu Stürzen beitragen. Achten Sie auch auf festes Schuhwerk. Viele zu Pflegende sind mit »ausgelatschten« Hausschuhen oder heruntergetragenen Schuhsaum an der Ferse unterwegs, was Stürze im Falle einer Mobilitätseinschränkung erhöhen kann. Sturzgefährdete Menschen können zusätzlich Protektorenhosen tragen. Diese sollen im Falle eines Sturzes Frakturen verhindern, schließlich könnte sich daraus eine bereits vorhandene Pflegebedürftigkeit weiter verschlechtern. Fragen Sie hierzu unbedingt in Ihrem Sanitätshaus nach.

Sie können aber auch ohne bisheriges Sturzereignis grundsätzlich vorsorgen. Rettungsdienste, die nach einem Sturzereignis vor Ort sind, benötigen dringend eine gut vorbereitete Anamnese über den zu Pflegenden. Sie dürfen nicht vergessen, dass es sich um eine große Stresssituation bei Betroffenen und Angehörigen handelt. Es empfiehlt sich hier, für den Ehepartner oder für die pflegebedürftigen oder hochbetagten Eltern die Krankenvorgeschichte schriftlich und vor allem übersichtlich zu erfassen und für einen Notfall griffbereit liegen zu haben, da das Rettungsteam sonst in der Akutsituation nicht alle wichtigen Informationen zur Verfügung hat (Müntefering 2019).

Wenn Sie sich unsicher sind, ob das gemeinsame Wohnumfeld in Bezug auf Sturzursachen ursächlich sein kann, empfiehlt es sich, mit dem Hausarzt oder Geriater zu reden, um durch Befragungen und Untersuchungen Ursachen auf Seite des zu Pflegenden zu ergründen. Zeitgleich können Sie zusätzlich eine ergotherapeutische Wohnraumanalyse bei sich zu Hause abstimmen, um sturzriskante Begebenheiten aufzuspüren und anschließend aufzulösen. Eine Wohnraumanalyse kann als ärztliche Heilmittelverordnung Ergotherapie zu Hause erfolgen und ist in der Heilmittelrichtlinie und den Rahmenempfehlungen des GKV-Spitzenverbands geregelt (§ 125, § 92 SGB V). Diese ergotherapeutischen Maßnahmen werden auch Umfeldberatung nach § 35 Abs. 3 Heilmittel-Richtlinie genannt. Der Hausarzt kann eine Heilmittelverordnung ausstellen, der Ergotherapeut wird dann eine Umfeldberatung im häuslichen Umfeld initiieren. Diese kann unabhängig davon, ob ein Hausbesuch verordnet wurde, einmalig pro Behandlungsfall erfolgen und unter bestimmten Voraussetzungen auch einmal im Quartal in Anspruch genommen werden. Ergotherapeuten nutzen für diese 120-minütige Analyse ein genormtes Hilfsmittel, um sich die individuellen sturzwahrscheinlichen Bereiche herauszufiltern. In dem nachfolgenden Kasten ist das STEADI-Sturzrisikoscreening abgebildet, um Ihnen einen Überblick über die Schwerpunkte der ergotherapeutischen Wohnraumanalyse aufzuzeigen.

STEADI-Algorithmus für Sturzscreening, -beurteilung und -intervention bei nicht institutionalisiert lebenden Erwachsenen ab 65 Jahre (modifiziert nach Mohr et al. 2022, S. 411)

Schritt 1: Screening
Der erste Schritt besteht darin, ältere Erwachsene auf ihr Sturzrisiko zu screenen. Dies kann durch drei Schlüsselfragen erfolgen:

1. Hatten Sie im letzten Jahr einen Sturz?
2. Haben Sie das Gefühl, dass Sie beim Gehen oder Stehen unsicher sind?
3. Haben Sie Angst zu stürzen?

Ein positiver Befund bei einer dieser Fragen deutet darauf hin, dass eine weitere Beurteilung notwendig ist.

Schritt 2: Assessment (Beurteilung)
Falls das Screening ein erhöhtes Sturzrisiko anzeigt, erfolgt eine detailliertere Beurteilung.
Diese umfasst:

- **Überprüfung der Sturzanamnese:** Details zu vorherigen Stürzen, Ursachen und Verletzungen
- **Medikamentenbewertung:** Überprüfung von Medikamenten, die das Sturzrisiko erhöhen könnten (z. B. Beruhigungsmittel oder Medikamente gegen Depression)
- **Kognitive und körperliche Funktionsprüfung:** Verschiedene Tests zur Balance und möglichen Mobilität des Betroffenen
- **Bewertung der häuslichen Umgebung:** Identifikation von Sturzgefahren im Wohnbereich

Schritt 3: Intervention
Auf Basis der Beurteilung werden spezifische Interventionen empfohlen:

- **Medikamentenanpassungen:** Reduzierung oder Absetzen von Medikamenten, die das Sturzrisiko erhöhen
- **Kraft- und Gleichgewichtstraining:** Physiotherapie oder spezielle Übungen zur Verbesserung der Balance und Muskelkraft
- **Vitamin-D-Supplementierung:** Bei Mangel an Vitamin D zur Verbesserung der Knochengesundheit und Muskelfunktion
- **Umweltanpassungen:** Änderungen im häuslichen Umfeld zur Beseitigung von Sturzgefahren (z. B. Handläufe, rutschfeste Matten)
- **Regelmäßige Nachsorge:** Kontinuierliche Überwachung und Anpassung des Behandlungsplans basierend auf dem Fortschritt und eventuellen neuen Risikofaktoren

Fazit: Der STEADI-Algorithmus ist ein systematischer Ansatz zur Identifikation und Reduktion des Sturzrisikos bei älteren Erwachsenen in der Häuslichkeit. Durch eine Kombination aus Screening, detaillierter Beurteilung und gezielten Interventionen kann diese ergotherapeutische Begehung effektiv dazu beitragen, Stürze zu verhindern und die Lebensqualität älterer Menschen zu verbessern.

2.3   Wunden

Fallbeispiel

Als Martin S. seiner Tochter, die ausgerechnet auch zertifizierte Wundtherapeutin war, seinen linken Unterschenkel zeigte, hielt sie kurz die Luft an, denn die offene Wunde sah nicht nur schlimm aus, sie präsentierte sich großflächig, stark nässend und übelriechend. Sie musste an sich halten, ihren Vater nicht auszuschimpfen, schließlich wusste sie, was so eine Wunde für einen alten Menschen bedeuten konnte. Ja, sie hatte in den letzten Monaten viel Stress im Job und auch zu Hause. Sie war immer nur kurz bei ihrem Vater vorbeigefahren, um nach dem Rechten zu sehen. Wer konnte denn wissen, dass er gleich ein offenes Bein entwickelt. Sie wusste, dass er eine Venenschwäche hatte. Das sagte damals der Hausarzt und verordnete ihm Kompressionsstrümpfe, welche er allerdings nicht trug, da sie ihm zu eng waren, wie er immer sagte. »Warum hast du denn nicht früher was gesagt, du weißt doch, dass ich mich damit auskenne?« Er sah sie verwundert an, sagte aber nichts.

»Wie lange hast du die Wunde denn schon?«, sollte ihre nächste Frage sein. »Ich weiß nicht, ich glaube, das da am Bein ist schon eine Weile da. Ich habe es mit Creme selbst behandelt, aber es will und will nicht heilen.« Er schaute sie ängstlich an, der üble Geruch der Wunde lag im Raum. »Wird mir jetzt das Bein abgenommen?«

Um ein grundlegendes Verständnis für die Haut im Alter zu erhalten, sollen im ersten Schritt die normalen Veränderungen der Haut im Alterungsprozess skizziert werden, um dann zu den alterstypischen Wunden überzugehen und schließlich Lösungsansätze und Tipps aufzuzeigen.

Der normale Alterungsprozess sorgt dafür, dass mehrere Hautschichten, nämlich die Oberhaut und die Lederhaut, einen Schwund erleiden und aufgrund dessen nicht mehr so widerstandsfähig gegen bspw. physikalische, chemische und toxische Belastungen von außen sind. Auch der Säureschutzmantel der Haut ist herabgesetzt, was Hautirritationen erhöht und die Heilung verlangsamt. Außerdem ist die Wundheilung verzögert, da Stoffwechselvorgänge das zu ersetzende Gewebe nur verlangsamt wiederaufbauen können. Die elastischen Fasern der Haut sind insofern betroffen, da sie aufgrund von Umbau- und Abbauprozessen die mechanische Belastbarkeit der Haut grundlegend reduzieren. Die Elastizität der Haut sinkt und die Rissfestigkeit reduziert sich. Eine verminderte Durchblutung sorgt für blasse Haut und die verringerte Fettschicht in Kombination mit einer verringerten Durchblutung kann bei möglichen Stürzen und Stößen gegen die Haut für gehäufte Hämatome sorgen. Dazu ist vermehrtes Frieren aufgrund von Temperaturregulationsstörungen häufig (Bachl et al. 2020, S. 71 f.).

Neben den akut entstehenden Wunden bei Stürzen, Abschürfungen oder ähnlichem zählen die chronischen Wunden zu den problematischen Wunden im Alter. Chronisch sind Wunden dann, wenn sie nicht binnen acht Wochen heilen. Aufgrund der oben beschriebenen normalen Hautveränderungen im Alter ist die Wundheilung zunehmend gestört und beeinflusst dadurch das Wohlbefinden der Betroffenen. Kommen dann noch bestimmte Erkrankungen hinzu, kann es schnell zu einer chronischen Wunde kommen.

Zu den häufigen chronischen Wunden zählen das diabetische Fußsyndrom, das offene Bein (Ulcus cruris venosum/arteriosum/mixtum) und der Dekubitus.

Das *diabetische Fußsyndrom* umfasst alle an den Füßen entstandenen krankhaften Veränderungen, die zu offenen Wunden aufgrund eines Diabetes führen. Ursächlich hierfür sind über lange Zeit erhöhte Blutzuckerwerte, welche die Nerven und den Blutfluss in den Füßen schädigen. Dies zeigt sich vor allem durch entstandene Verletzungen, die von allein selten bis gar nicht abheilen. Das diabetische Fußsyndrom kann sich somit von einer Stecknadelkopf großen Wunde bis hin zu einer bis auf den Knochen reichenden Wunde darstellen. Das Ausmaß ist mitunter so enorm, dass aufgrund der Gewebeschädigung Zehen, der Vorfuß oder sogar der gesamte Fuß amputiert werden muss. ▶ Abb. 2.1 verdeutlicht die Stadien des diabetischen Fußsyndroms sehr anschaulich.

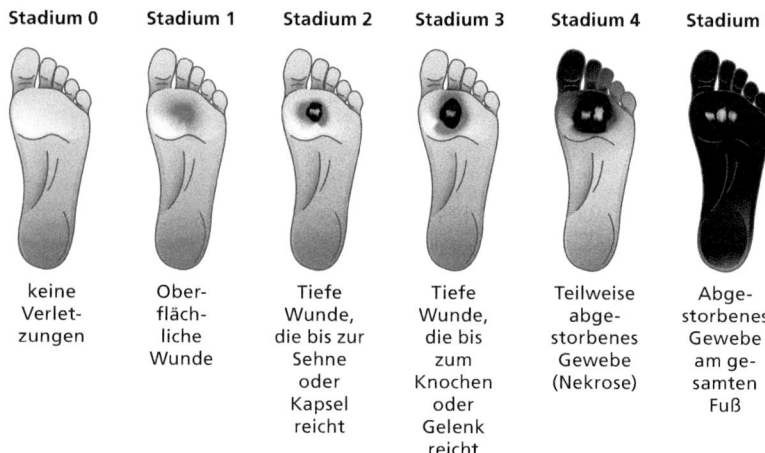

Stadium 0	Stadium 1	Stadium 2	Stadium 3	Stadium 4	Stadium 5
keine Verletzungen	Oberflächliche Wunde	Tiefe Wunde, die bis zur Sehne oder Kapsel reicht	Tiefe Wunde, die bis zum Knochen oder Gelenk reicht	Teilweise abgestorbenes Gewebe (Nekrose)	Abgestorbenes Gewebe am gesamten Fuß

Abb. 2.1: Stadien des diabetischen Fußsyndroms
(Bildnachweis: Greenni/Shutterstock.com)

Tipp: Sollten Sie einen Diabetes mellitus haben, lassen Sie Ihre Nagelpflege an den Füßen von einer Podologin durchführen. Hierzu bekommen Sie ein Rezept von Ihrem behandelnden Hausarzt. Die Gefahr, dass Sie sich aus Versehen schneiden und dadurch den Beginn eines diabetischen Fußsyndroms provozieren, ist hoch. Hier reicht mitunter, dass Sie sich minimal in den Nagelsaum eines Zehs schneiden. Selbst wenn es nur wenig blutet, kann dies zu einer großen, nicht mehr heilenden Wunde und schlimmstenfalls zur Amputation des Zehs oder Fußes führen. Wichtig ist auch, dass Sie Ihre Füße regelmäßig vom Diabetologen untersuchen lassen. Aber auch Sie selbst sollten Ihre Füße gut pflegen, indem Sie regelmäßige, nicht zu warme Fußbäder machen und auf Druckstellen, Wunden, Hornhaut oder überhaupt Veränderungen der Haut oder der Nägel achten. Sollten Sie Probleme feststellen, suchen Sie umgehend Ihren behandelnden Arzt auf. Es empfiehlt sich, die Füße mit einer 5–10-prozentigen Harnstoffcreme (Urea) regelmäßig einzucremen. Es empfehlen sich Baumwollsocken und eine hohe Achtsamkeit auf gutes Schuhwerk. Hier kann die diabetologische Praxis optimal beraten. Spezielle Schuhe können über dafür zuständige

Sanitätshäuser angefertigt werden. Hierzu bekommen Sie ebenfalls weitere Informationen und ggf. Rezepte bei Ihrem Diabetologen.

Das *offene Bein* (Ulcus cruris) ist eine sehr häufige Wunde im Alter. Ursächlich hierfür sind neben den oben genannten alterstypischen Hautveränderungen vor allem Gefäßerkrankungen. So kann ein offenes Bein, wie im oben dargestellten Fallbeispiel, aufgrund einer Venenschwäche, einer Durchblutungsstörung in den Arterien oder aber auch aus einer Mischung aus beiden entstehen. In der Praxis zeigt sich der Beginn eines offenen Beines oft darin, dass sich ältere Menschen am Unterschenkel oder an der Innen- wie Außenseite des Sprunggelenks gestoßen oder geschürft haben. Die daraus resultierende meist kleine Verletzung heilt dann größtenteils entweder sehr schwer oder gar nicht. Häufig benutzen Betroffene gekaufte Cremes oder lassen die vermeintlich unproblematische Wunde an der Luft heilen. Aber unter dem trockenen Schorf befindet sich weiterhin die Verletzung, die nicht heilt. Gut erkennbar ist dies an einem roten Ring um den Schorf herum. Sollte dieser durch moderne Wundtherapie mittels eines Gels abgelöst werden, stellt sich die Wunde erst richtig dar. Die moderne Wundtherapie ist eine feuchte Wundtherapie mit modernen Verbandsstoffen, die nicht täglich gewechselt werden müssen. Achten Sie darauf, dass Ihre chronischen Wunden entsprechend modern versorgt werden und fragen Sie nach, sollte der Behandler lediglich mit trockenen Kompressen behandeln wollen. Die wenigsten Wundverhältnisse können mit einer trockenen Wundauflage adäquat behandelt werden. Also fragen Sie nach!

Tipp: Gerade das offene Bein, das aufgrund einer Venenschwäche entstanden ist, muss in seiner Grunderkrankung, der Venenschwäche, behandelt werden. Eine gute Kompressionstherapie trägt enorm zur Wundheilung bei. Das gilt ebenfalls für Durchblutungsstörungen in den Arterien, der sogenannten peripheren arteriellen Verschlusskrankheit (PaVK). Insofern die Gefäße verstopft sind bzw. nur wenig Blut durchfließen kann, hat eine chronische Wunde kaum eine Chance auf

Heilung. Es ist immens wichtig, dass die erkrankungsbedingte Ursache ebenfalls zeitgleich behandelt wird.

Tipp: Die größte Bitte als Pflegefachkraft mit über zehnjähriger Erfahrung in der Versorgung von älteren Menschen mit chronischen Wunden: Benutzen Sie bitte nicht irgendwelche Cremes aus der Drogerie oder Apotheke, um Ihre Wunde selbst zu behandeln. Die Wundheilung verlängert sich meistens durch eine falsche Therapie. Im schlimmsten Fall kann es zu einer Blutvergiftung kommen und schwere körperliche Schäden bis hin zum Tod bedeuten. Sollten Sie selbst oder ein naher Angehöriger die Wunde verbinden, halten Sie Hygieneregeln ein, wie bspw. eine Händedesinfektion und das Tragen von Einmalhandschuhen während des Verbandswechsels. Hier kann es sinnvoll sein, sich in den Expertenstandard des DNQP zum Thema chronische Wunden einzulesen. Lassen Sie sich hierzu von Ihrem Hausarzt oder Hautarzt beraten. Viele Hautarztpraxen, aber auch Sanitätshäuser haben einen Wundmanager oder Wundtherapeuten angestellt. Fragen Sie hierzu einfach nach, Wundmanager kommen in die Häuslichkeit und unterstützen oft gemeinsam mit dem behandelnden Arzt und dem eventuell versorgenden Pflegedienst eine gelingende Wundtherapie.

Der *Dekubitus* ist ein Druckgeschwür, welches durch zu langes Aufliegen bzw. durch zeitlich zu langen Druck auf das Gewebe, also der Haut oder Schleimhaut, entstanden ist. Blutgefäße werden abgedrückt, die Versorgung mit Nährstoffen und Sauerstoff ist verringert. Hier sind vor allem schwer pflegebedürftige Menschen betroffen, die aufgrund ihrer vielfältigen Erkrankungen bettlägerig oder auf einen Rollstuhl angewiesen sind. Ein Dekubitus stellt sich in vier Graden dar. Es entsteht im Grad I zuerst eine Rötung oder eine Blase an der betroffenen Stelle. Wenn in dieser Phase keine Druckentlastung folgt, geht der Dekubitus in Grad II, je nach Dauer des Drucks auf dem Gewebe in Grad III und IV über, was den Tod des Gewebes bedeutet. Dies zeigt sich an schwarzen Stellen, sogenannte Nekrosen auf der Haut. Vor allem Hautareale, bei denen der Knochen nur mit wenig Polster und Hautschicht bedeckt ist, haben ein erhöhtes Risiko.

Das sind dementsprechend die Schulterblätter, die Dornfortsätze an der Wirbelsäule, das Kreuzbein, Steißbein, die Fersen, Knöchel und Ellenbögen sowie Kniegelenke. Bei schwerer Pflegebedürftigkeit in Kombination mit Bettlägerigkeit muss aber auch auf die Ohren des Betroffenen geachtet werden.

Zur Veranschaulichung zeigt die ▸ Abb. 2.2 eine gute Übersicht über die unterschiedlichen Schädigungsgrade eines möglichen Dekubitus in den Graden I bis IV.

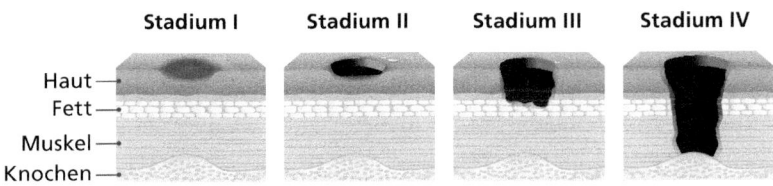

Abb. 2.2: Dekubitus-Grade I bis IV
(Bildnachweis: iStock.com/solar22)

Sollten Sie pflegender Angehöriger sein, informieren Sie sich, wie Sie einen Dekubitus bei Ihrem zu Pflegenden verhindern können. Hierzu gibt es bei Pflegestützpunkten Auskunft, aber Sie können auch im Internet sehr gute Artikel zu dieser Thematik lesen. Enorm wichtig sind hierbei Ernährung, Hautpflege und vor allem die Lagerung des zu Pflegenden und dessen gefährdeten Körperstellen. Sollten Sie Rötungen auf der Haut der pflegebedürftigen Person sehen, müssen Sie diese als Warnsignal wahrnehmen und handeln.

Tipp: In Sanitätshäusern bekommen Sie Lagerungshilfen in Form von verschiedenen Kissen aus unterschiedlichen Materialien. Sie können auch einen Pflegedienst beratend hinzuziehen. Gerade der regelmäßige Beratungseinsatz nach § 37.3 des XI. Sozialgesetzbuches, wäre ein optimaler Anlass, wenn Sie Pflegegeld beziehen, sich vom fachkundigen Pflegepersonal Lagerungstechniken, Lagerungshilfsmittel sowie eine Beratung über weitere Unterstützung einzuholen. Schämen Sie sich nicht, dies in Anspruch zu nehmen, schließlich hat der Gesetzgeber diese Beratungsmöglichkeit genau deshalb verpflichtend eingeführt.

Inspizieren Sie die Haut des zu Pflegenden während der Körperpflege, um sich selbst für eventuell gefährdete Areale zu sensibilisieren. Ihre erste Handlung bei auffälligen Rötungen muss eine Druckentlastung sein. Fragen Sie Ihren Hausarzt oder Geriater, wenn Sie Fragen zur Ernährung haben.

Wenn die pflegebedürftige Person einen Dekubitus hat, benötigen Sie dringend einen Profi in Person eines Wundberaters oder Wundtherapeuten. Auch hier gilt, dass eine moderne, feuchte Wundtherapie in Kombination mit einer angepassten Ernährung, Druckentlastung sowie Hautpflege zu einer schnellen Wundheilung beiträgt. Im Falle eines bereits vorhandenen Dekubitus kann der behandelnde Arzt eine Antidekubitusmatratze für das Pflegebett verordnen. Aber auch druckentlastende Sitzkissen für den Rollstuhl können verordnet werden. Beides und weitere Hilfsmittel werden rezeptiert und können im Sanitätshaus eingelöst werden. Das Sanitätshaus wird dann bei Ihnen in der Häuslichkeit einen Hausbesuch machen und Ihnen anschließend gute, auf Sie abgestimmte Produkte liefern, aufbauen und im Umgang erklären. Was die Versorgung angeht, sind Sanitätshäuser die Profis. Auch hier können Sie sich zusätzlich zu weiteren Möglichkeiten der Versorgung beraten lassen. Meistens unterstützen die Mitarbeitenden auch in der Organisation der entsprechenden Rezepte.

2.4 Bettlägerigkeit

Fallbeispiel

Als sie auf ihren Opa Hans S. schaute, wie er da völlig geistesabwesend in seinem Pflegebett lag, resignierte sie innerlich. So schnell war die Alzheimer-Erkrankung bei ihm fortgeschritten, sodass er jetzt nur noch im Bett liegen konnte. Da er oft eine Mobilisation und somit einen Transfer in den Rollstuhl abwehrte, machte er es der häuslichen Krankenpflege noch einmal schwerer, der Bettlägerigkeit vernünftig zu begegnen. Die Familie war ratlos. Jede Phase dieser Erkrankung des Gehirns schien schwierig zu sein, aber bei dem Bild, was sich der Enkelin gerade bot, fragte sie sich, wie das überhaupt funktionieren sollte. Aber ihre Oma war eben fest entschlossen, Opa bis zum Schluss zu Hause zu behalten. Ein Pflegeheim kam nicht in Frage.

Was galt es jetzt zu bedenken? Was war jetzt wichtig? Eine Bettlägerigkeit kann als die schlimmste Ausprägung einer Immobilität verstanden werden. In der Praxis stellt sie sich entweder als Ergebnis eines jahrlangen Abbauprozesses dar, wobei die Betroffenen einfach liegen bleiben müssen, da die eigene Kraft für Bewegung und Aktivität nicht mehr ausreicht. Dies ist oft bei Patienten mit schweren kognitiven Beeinträchtigungen wie etwa bei Menschen mit Demenz der Fall. Die Demenz verläuft schleichend und endet bei vielen Betroffen in einer nicht mehr rückgängig zu machenden Bettlägerigkeit. Auf der anderen Seite können akut auftretende Erkrankungen, wie etwa ein Schlaganfall aufgrund seiner Auswirkungen, ebenfalls zu einer vorübergehenden oder einer dauerhaften Bettlägerigkeit führen. Auch eine mangelnde Bewegung sowie Stürze und vor allem die Angst vor weiteren Stürzen erhöht oft die Wahrscheinlichkeit auf eine dauerhafte Immobilität und kann somit als Faktor für die Begünstigung einer Bettlägerigkeit angesehen werden.

Das zentrale Merkmal einer Bettlägerigkeit ist vor allem die Abhängigkeit von anderen Personen, um bspw. vom Bett zum Sessel, zum Sofa oder zur Toilette zu gelangen. Angelika Zegelin prägte hierfür die Begrifflichkeit der Ortsfixierung, weil Betroffene eben nicht mehr selbstständig irgendwo hinkommen oder irgendwohin wechseln können. Menschen in diesem Zustand empfinden ihr Dasein als festgenagelt und bleiben, wenn sich die Möglichkeit bietet, auch viel sitzen, was zur Folge hat, dass mögliches Stehen und Gehen verlernt wird. Leider kann gerade letzteres allein bereits durch eine Woche Krankenhausaufenthalt eintreten, da es seitens der Pflege, aber auch der Ärzteschaft oftmals einfach akzeptiert wird (Zegelin 2016).

Generell gilt es, eine Bettlägerigkeit mit verschiedenen Mitteln zu vermeiden. Hierzu bedarf es für den Betroffenen eine frühe Mobilisation und die Rehabilitation als oberste Maßnahmen, welche immer mit den Betroffenen probiert werden sollte. Kommt es bei einem Betroffenen aufgrund akuter oder chronischer Krankheitsverläufe dennoch zu einer Bettlägerigkeit, ist es wichtig, dass Pflegende ihr Spezialwissen konsequent anwenden, um wiederum Komplikationen der Bettlägerigkeit wie bspw. eine Lungenentzündung, offene Wunden und Druckstellen (Dekubitus) oder Gelenksversteifungen (Kontrakturen) zu vermeiden.

Im Folgenden sollen die eben aufgeführten wichtigen Prophylaxen bei einer anhaltenden oder auch vorübergehenden Bettlägerigkeit vorgestellt werden.

Lungenentzündungsprophylaxe

Hierbei geht es vor allem darum, dass man mittels einer guten Einschätzung Risikofaktoren für eine mögliche Lungenentzündung beim pflegebedürftigen Menschen erkennt und entsprechend Gegenmaßnahmen ergreift, damit der Betroffene keine Lungenentzündung bekommt. Die Risikoeinschätzung ist zweischrittig.

1. Schritt: Allgemeine patientenbezogene Risikoeinschätzung

• Akute Bronchitis
• Alkoholismus
• Besiedlung des Mundraumes durch Mikroorganismen bei schlechtem Mund-/Zahnstatus
• Diabetes mellitus
• Fehlende orale Nahrungs-/Flüssigkeitszufuhr
• Grunderkrankungen mit Beeinträchtigung des unspezifischen und spezifischen Immunsystems, erworbene Immundefizienz sowie erworbene Immunsuppression
• Herzinsuffizienz
• Institutionalisierung (Unterbringung in Pflegeheimen, Kasernen oder Gefängnissen)
• Invasive und nicht invasive Beatmung
• Kinder unter vier Lebensjahren
• Nikotinabusus

- Personen über 60 Jahre
- Reflux bei enteraler Ernährung
- Schlechter Allgemeinzustand
- Schluckstörungen/Dysphagien
- Schwerwiegende neurologische Beeinträchtigungen mit fehlenden Schutzreflexen (auch Demenz oder Krampfleiden)
- Vorerkrankungen des Atmungssystems mit Ventilationsstörungen wie z. B. eingeschränkter Hustenfähigkeit, chronische Bronchitis, COPD (chronisch obstruktive Lungenerkrankung), wiederkehrende Pneumonien, Asthma bronchiale

Sollten ein oder mehrere Punkte aus der bisherigen allgemeinen Risikoeinschätzung zutreffen, muss im 2. Schritt noch einmal genauer hingeschaut werden, ob es konkrete Risikofaktoren bei dem Betroffenen gibt. Es folgt eine Beobachtung von:

- Atemfrequenz
- Atemgeräusche
- Atemgeruch
- Atemmechanik
- Husten
- Körpertemperatur
- Sputum
- Evtl. Dyspnoe
- Thoraxschmerzen

Sollte bei Ihrem Angehörigen die Gefahr bestehen, an einer Lungenentzündung zu erkranken, können Sie allgemeine Maßnahmen zur Pneumonieprophylaxe durchführen. Das sind Maßnahmen, die bei mangelnder Belüftung der Lungen, etwa durch eine flache Atmung aufgrund allgemeiner Schwäche, oder Immobilität, aber auch Schmerzen zur Anwendung kommen.

Folgende Maßnahmen sind notwendig und wichtig, um im Falle von bestehenden allgemeinen und konkreten Risiken eine Lungenentzündung zu vermeiden:

- Einhalten von Hygieneanforderungen zur Vermeidung von Infektionen
- Frühmobilisation und Ventilationsförderung
- Maßnahmen zur Freihaltung der Atemwege

Wichtig sind eine regelmäßige Frischluftzufuhr und eine allgemeine Mobilisation bei Betroffenen mit einem erhöhten Pneumonierisiko. Dazu gibt es bestimmte Lagerungsarten des Betroffenen im Bett, die die Belüftung der Lungen begünstigen und so ein besseres Abhusten oder eine bessere Atmung begünstigen. Auch Maßnahmen zur Vermeidung einer Infektion können umgesetzt werden (vgl. DBfK 2017).

Hier wäre wichtig, dass Sie sich gemeinsam mit Ihrem Hausarzt oder behandelnden Geriater beraten, um die angepassten, teils spezifischen Maßnahmen durchführen und umsetzen zu können. Auch ein ambulanter Pflegedienst kann bei dieser Fragestellung gut unterstützen. Alternativ sei hier noch zu den Beratungsstützpunkten der einzelnen Städte geraten. Auf der Seite des Bundesgesundheitsministeriums finden Sie weiterführend eine Suchmaschine, um sich für Ihre Region einen Pflegestützpunkt anzeigen zu lassen. In diesen Pflegestützpunkten treffen Sie auch auf Pflegeberater der Krankenkassen. Hier sind Sie grundsätzlich für eine umfassende Beratung gut aufgehoben:

 https://www.bundesgesundheitsministerium.de/service/begriffe-von-a-z/p/pflegestuetzpunkte.html

Prophylaxe gegen offene Wunden und Druckstellen (Dekubitusprophylaxe)

Im Folgenden werden verschiedene Maßnahmen zur Verhinderung einer offenen Wunde bzw. einer Druckstelle bei bettlägerigen Patienten erläutert. Ein sogenannter Dekubitus entsteht aufgrund verminderter Durchblutung der Haut und des Gewebes. Diese Unterversorgung von Haut und Gewebe entsteht, wenn zu lange Druck auf das betreffende Areal einwirkt.

Folgende Maßnahmen helfen, einen oder mehrere Dekubitus zu verhindern:

- Bewegungsförderung und Mobilisation der betroffenen Hautareale
- Tägliche Hautinspektion des gesamten Körpers, hierbei auf Rötungen und Hautveränderungen achten
- Hautpflege bei trockener Haut mit Wasser-in-Öl-Emulsionen
- Tragen atmungsaktiver und nicht zu enger Bekleidung
- Frühzeitiger Wechsel vonInkontinenzmaterialien
- Ausgewogene Ernährung
- Ausreichende Flüssigkeitsversorgung
- Pflegebedürftige, bettlägerige Betroffene sollten regelmäßig, am besten alle zwei Stunden gelagert werden. Hierbei sollten empfindliche Hautareale entlastet werden (vgl. https://www.pflege.de/krankheiten/de kubitus/dekubitusprophylaxe/).

Auch hier gilt: Lassen Sie sich von einem Profi beraten. In vielen Sanitätshäusern arbeiten sogenannte Wundexperten. Alternativ käme hierfür ebenfalls der Hausarzt, der Hautarzt, die Pflegeberatungsstelle der Stadt oder auch ein Pflegedienst in Frage.

> **Tipp:** Prophylaktisch gibt es auch druckentlastende Kissen für den Rollstuhl, Antidekubitusmatratzen für das Pflegebett und weitere Hilfsmittel auf Rezept vom Hausarzt. Kaufen Sie bitte keine Materialien oder Geräte ohne vorherige Beratung. Sprechen Sie vorab mit hier aufgeführten möglichen Anlaufstellen und lassen sich alles auf einem Rezept verordnen. Nach der Abgabe des Rezeptes in einem Sanitätshaus Ihres Vertrauens bekommen Sie alles zu einem kleinen Eigenanteil nach Hause geliefert und aufgebaut. In die Bedienung technischer Geräte werden Sie ebenfalls durch den Lieferanten geschult.

Prophylaxe gegen Gelenksversteifungen (Kontrakturenprophylaxe)

Eine Kontraktur ist eine fehlerhafte Gelenkstellung infolge einer Inaktivität des Bewegungsapparates. Hierzu gehörenGelenke, Bänder, Sehnen und Muskeln. Ein Ausgleich dieser Fehlstellung ist im Falle einer Kontraktur weder durch den Betroffenen selbst noch mittels gezielter Übungen eines Therapeuten möglich.

Folgende Ursachen können zu einer Kontraktur führen:

• Inaktivität
• Längere Ruhigstellung
• Bettlägerigkeit mit falscher Lagerung
• Gelenkzerstörende Prozesse

Muskeln schwinden durch anhaltende Untüchtigkeit. Im Fall einer Bettlägerigkeitüber längere Zeit werden normale Bewegungsabläufe wegen Schmerzen eingeschränkt und es kann zu einer Schonhaltung kommen, als Folge können sich Muskeln verkürzen und Gelenkkapseln verkleben. Die Bewegungsfähigkeit der Gelenke wird hierdurch eingeschränkt.

Bei der Pflege eines bettlägerigen Betroffenen ist besonders auf folgende Faktoren zu achten, da diese die Entstehung einer Kontraktur begünstigen können:

• Großflächige Hautvernarbungen
• Durchblutungsstörungen der Muskulatur
• Schmerzen und Sensibilitätsstörungen
• Lähmungen in den Extremitäten

Besonders gefährdet sind Personen mit entzündlichen Gelenkserkrankungen, wie etwa Polyarthritis und Nervenlähmungen, oder mit Verletzungen bzw. Verbrennungen in Gelenknähe sowie degenerativen Gelenkerkrankungen, wie etwa Arthrosen undBewusstseinsstörungen. Sie erkennen eine Kontraktur an der offensichtlichen Zwangshaltung undschmerzhaften Einschränkungen der Bewegungsabläufe der Gelenke.

Es gibt verschiedene Formen der Kontrakturen:

• *Beugekontraktur:* Bei der Beugekontraktur handelt es sich um eine Gelenksteife in Beugestellung, die durch eine Verkürzung der Muskulaturin der Beugeseite verursacht wird. Eine Streckung der entsprechenden Extremität ist nicht mehr möglich.Knie- und Hüftgelenke können besonders beeinträchtigt sein.

- *Streckkontraktur:* Die Gelenksteife wird bei der Streckkontraktur durch eine Streckstellung verursacht. Auf Dauer wirdhierdurch eine erneute Beugung verhindert.
- *Rotationskontraktur:* Die Rotationskontraktur tritt als Folge einer Verdrehung des Gelenkes auf.

Kontrakturen lassen sich durch verschiedene gezielte Maßnahmen verhindern und stoppen, wie zum Beispiel aktive und passive Bewegungsübungen. Die Bewegung und der Erhalt der noch möglichen Aktivitäten des Betroffenen sollten immerim Vordergrund stehen. Aktives Üben setzt voraus,dass der Betroffene in der Lage ist, Bewegungsübungen selbst durchzuführen (vgl. https://www.pflegewerk.com/pflegekurse/pflegekur se/4-prophylaxe/kontrakturenprophylaxe.html).

> **Tipp:** Zur Prophylaxe gegen Gelenkversteifungen ist eine regelmäßige Physiotherapie zu empfehlen. Lassen Sie sich auch hier von Ihrem Hausarzt oder Geriater beraten und lassen sich ein Dauerrezept verordnen. Selbst wenn ein Betroffener nicht mehr in der Lage dazu ist, aktiv viel mitzuwirken, so kann Ihnen der Physiotherapeut die richtigen Handgriffe zeigen, um passive Bewegungsübungen durchzuführen.

Fünf Phasen der Bettlägerigkeit

Der Prozess hin zu einer Bettlägerigkeit vollzieht sich in fünf Phasen. In der ersten Phase steht die Instabilität im Vordergrund: Die Betroffenen sind in ihrer Bewegung leicht eingeschränkt, möglicherweise benötigen sie zum Gehen einen Rollator. Darauf folgt in der Regel ein einschneidendes Ereignis, etwa ein Krankenhausaufenthalt, ein Heimeinzug, ein Sturz oder auch Beinahe-Sturz. In der Folge dieses Ereignisses wird die Beweglichkeit der Betroffenen plötzlich rapide schlechter, das geschieht meist innerhalb weniger Tage. Es kommt zur Immobilität. Die Betroffenen bewegen sich kaum, es ist aber noch möglich, einige Schritte selbstständig zu laufen. Schließlich kommt es in der vierten Phase zur Ortsfixierung, in welcher die Betroffenen nicht mehr selbstständig aufstehen und nur noch im Stuhl oder Rollstuhl sitzen. Die Bettlägerigkeit ist die letzte Phase. Hierbei lassen sich je nach Liegestunden am Tag eine leichte, mittlere und schwere Form unterscheiden (Zegelin 2016).

> **Tipp:** Alles, was die Bewegung eines Betroffenen fördert, ist sinnvoll. Balanceübungen oder Krafttrainings obliegen in der Regel den Physiotherapeuten. Betroffene in pflegerischen Situationen benötigen Bewegungen aber mehrfach täglich (Zegelin 2016)!
>
> Diese Spirale hin zu einer Bettlägerigkeit im Sinne der eben beschriebenen fünf Phasen kann durchaus durchbrochen werden. Hier spielt der Faktor Zeit eine entscheidende Rolle. In der Phase der Immobilität kann der Spirale am besten begegnet werden, weil Betroffene noch in der Lage sind, einige Schritte zu gehen. Ist der Betroffene jedoch schon in der fünften Phase angekommen, bedarf es eines sehr viel höheren zeitlichen Aufwandes, um diesen Prozess rückgängig zu machen. Zegelin empfiehlt die »Drei-Schritt-Methode«. Hierbei soll der Betroffene bei jedem Transfer die letzten Schritte mit Hilfe gehen. Diese Methode fördert die Mobilität und sorgt dafür, dass Betroffene stehen und ein paar Schritte gehen (Zegelin 2016). Dies sollte aber in der häuslichen Umgebung gemeinsam mit Pflegekräften und/oder Physiotherapeuten im Vorfeld ausreichend geübt worden sein, um Stürze zu vermeiden. Dieses Konzept gilt natürlich auch nicht, wenn Betroffene gar nicht mehr aufstehen und transferiert werden können.

Forschungen zeigen, dass dem Transfer bei ängstlichen Menschen eine besondere Bedeutung zukommt. Der Transfer in den Rollstuhl, dem Sessel oder auf die Toilette sollte sicher erfolgen, freundlich und professionell, und immer mit dem gleichen Ablauf und festen Griffen stattfinden. Der Ablauf sollte in einem Transferprotokoll festgehalten werden und wenn möglich zusammen mit den Physiotherapeuten erarbeitet werden, da ein gelungener Transfer eine hohe fachliche Kompetenz benötigt. Nur nach Anleitung sollte diese Aufgabe an Angehörige oder ungelernte Kräfte delegiert werden. Oftmals kommt es sonst zu einem Gezerre und Geschiebe, was zur Folge hat, dass Pflegebedürftige das Aufstehen verweigern.

Tipp: Bei etwa acht Transfers täglich und einer Zeit von ca. 3 Minuten Mobilsein ist ein Erfolg bei ängstlichen Betroffenen sehr wahrscheinlich!

Eine vorhandene, insbesondere länger anhaltende oder dauerhafte Pflegebedürftigkeit beeinträchtigt die Betroffenen enorm. Sie sind nicht nur körperlich stark eingeschränkt, sondern auch die Lebensqualität ist stark beeinträchtigt. Betroffene wünschen sich eine Minderung der vorhandenen Schmerzen und zumindest eine teilweise Teilhabe am sozialen Leben und somit am Alltag. Ein weiterer Wunsch ist, durchschlafen zu können und ein Körpergefühl, welches eben aufgrund der Bettlägerigkeit meist verloren geht. Gerade für die zuletzt genannte Problematik und dem damit verbundenen Wunsch nach Micro-Stimulation gibt es Lagerungssysteme mit Flügelfedern, welche selbst kleinste Eigenbewegungen des Betroffenen auffangen und wie ein Echo an den Körper des Betroffenen zurückgegeben. Die feinen Impulse halten den Körper unmerklich in Bewegung und unterstützen dadurch die Eigenwahrnehmung. Diese Technologie kann nicht nur Schmerzen und Spasmen reduzieren, sondern auch Wunden vermeiden, weil die physiologische Lagerung Druckspitzen vorbeugt. Im besten Fall kehrt das Gefühl für den eigenen Körper zurück, was wiederum das Wohlbefinden und damit einen gesunden Schlaf fördern kann. Dieses System kann in ein bereits vorhandenes Pflegebett integriert werden. Hierfür können Sie mit einem Sanitätshaus sprechen.

3 Aufrechterhaltung von vitalen Funktionen des Lebens

3.1 Polypharmazie

Fallbeispiel

Frau Sabine A. besucht ihre 83-jährige Mutter täglich morgens vor der Arbeit und richtet ihr das Frühstück und die Tabletten für den Tag. Wie immer steht sie morgens etwas unter Zeitdruck und wartet darauf, dass ihre Mutter ihre Morgenmedikation nimmt.

Heute gestaltet es sich mal wieder etwas schwieriger, die Mutter schaut ihre Tabletten an und sagt: »Es sind viel zu viele Tabletten, wofür nehme ich die eigentlich? Ich möchte nur die Hälfte nehmen. Das reicht mir jetzt, von all den Medikamenten wird mir ganz übel.«

Frau A. ist ratlos – ihre Mutter hat tatsächlich die Hälfte der Medikamente eingenommen, was aber auch bedeutet, dass sie vier Tabletten noch nicht eingenommen hat. »Acht Tabletten allein schon zum Frühstück – das kann doch nicht richtig sein, oder?«

Vielen Menschen ergeht es wie der hier geschilderten 83-jährigen Dame, ein »zu viel« wird aber verständlicherweise auch schon häufig bei weniger als acht Medikamenten empfunden. In der Literatur gibt es keine klare Definition, so dass die existierenden Umfragen und Studien zu dem Thema nicht unmittelbar vergleichbar sind. Laut einer Pressemeldung des Apothekerverbands (ABDA) nehmen ab 65 Jahren 7,6 Millionen Menschen in Deutschland täglich fünf oder mehr Arzneimittel ein. Polypharmazie ist ein häufiges Phänomen, vor allem bei älteren Menschen. Was ist das überhaupt und wie kommt diese zustande? Ist sie unumgänglich? Wie geht man damit um und welche Tipps und Tricks gibt es ggf., um die Medikamenteneinnahme angenehmer zu gestalten?

Vereinfacht gesagt: Je höher das Alter, desto mehr Erkrankungen, desto mehr Medikamente, um diese zu behandeln. Eine Ursache hierfür ist aber auch, dass die Behandlung bei verschiedenen (Fach-)Ärzten dazu führen kann, dass die jeweiligen Ärzte nicht unbedingt wissen, was durch den Kollegen verschrieben wurde, und es so auch zu »Doppel- oder Mehrfachverordnungen« kommen kann. Ein weiterer Grund kann sein, dass sich die Medikamente gegenseitig so beeinflussen, dass es zu einer abgeschwächten Wirkung einzelner Medikamente kommen kann und man so fälschlicherweise vermutet, dass eine Dosissteigerung – also ein »mehr« an Tabletten – erforderlich sei.

Polypharmazie bedeutet, dass »mehrere« Medikamente eingenommen werden (Wehling 2019). Aber ab welcher Menge spricht man von »viel«? Häufig findet man in der Literatur Richtwerte um den Wert 5, eine einheitliche Definition gibt es jedoch nicht – es bleibt also subjektiv. Die Anzahl ist aber letztendlich nicht entscheidend, grundsätzlich sollte immer geprüft werden, ob alle eingenommenen Medikamente wirklich weiterhin indiziert sind, also weiterhin erforderlich oder begründet sind. Andererseits ist es aber auch wichtig, dass man jemanden nicht »untermediziert«, nur weil er zu »alt« ist. Hier befindet man sich im Bereich der Altersmedizin auf einem schmalen Grat und daher ist es unumgänglich, die Betroffenen soweit wie möglich mit einzubeziehen.

Tipp: Als Patient haben Sie das Recht zu wissen, welche Medikamente Sie einnehmen, warum Sie diese einnehmen und sollten dies auch jederzeit erfragen dürfen!

Es bietet sich daher an, sich notieren zu lassen, welches Medikament Sie warum und seit wann nehmen und wie es zuletzt verändert wurde. Hierzu dient der bundeseinheitliche Medikationsplan.

Seit dem 1. Oktober 2016 haben gesetzlich krankenversicherte Patienten Anspruch auf einen Medikationsplan – wenn sie mindestens drei zu Lasten der gesetzlichen Krankenkassen verordnete, systemisch wirkende Medikamente dauerhaft einnehmen. Grundlage für diesen bundeseinheitlichen Medikationsplan ist das E-Health-Gesetz. Damit will der Gesetzgeber die Arzneimitteltherapiesicherheit erhöhen; sprich: Der Arzt soll den Patienten bei der richtigen und gefahrlosen Einnahme seiner Medikamente noch stärker unterstützen (www.kbv.de).

Auf diese Art und Weise kann man besser nachvollziehen, ob es durch die Änderung der Medikamente oder Dosierung zu den eventuell neu auftretenden Beschwerden gekommen ist.

> **Tipp:** Auch wenn Sie einmal kurzfristig ins Krankenhaus müssen, bietet es sich an, solch einen Plan z. B. im Portemonnaie mit sich zu führen. Hierauf können Sie dann ebenfalls Unverträglichkeiten, insbesondere gegen Medikamente, notieren, was im Notfall lebensrettend sein kann.

Wie können Sie Ihren Ärzten helfen? Es gibt viele Medikamente, die frei verkäuflich in der Apotheke »über die Theke« erhältlich sind. Diese freie Verkäuflichkeit bedeutet jedoch nicht, dass es mit ihren sonstigen Medikamenten keine relevanten Wechselwirkungen geben kann, oder die Medikamente nebenwirkungsfrei sind. Daher sollten Sie diese auch immer Ihrem Hausarzt angeben und auch in der Apotheke nachfragen, ob es Wechselwirkungen mit Ihren Medikamenten gibt.

> **Tipp:** Was Sie Ihrem Hausarzt nicht sagen, kann er nicht wissen. Geben Sie daher bitte auch ungefragt frei verkäufliche Medikamente, aber auch Nahrungsergänzungsmittel oder sog. »pflanzliche Präparate« an.

Beispiele für solche frei verkäuflichen Präparate sind in Deutschland z. B. Schmerzmittel bis zu einer Dosierung von 400 mg oder ASS in einer Dosierung bis zu 500 mg. Aber auch sogenannte »pflanzliche Präparate« wie Gingko biloba können mit Ihren Medikamenten zu Wechselwirkungen führen, die für sie als Patient relevant sein können. Wechselwirkungen kommen häufig in Form einer Wirkungsverstärkung und -abschwächung vor (Kratz und Diefenbacher 2019).

> **Tipp:** Bitten Sie Ihren Arzt regelmäßig darum, Ihre Medikation dahingehend zu überprüfen, ob ein Medikament reduziert oder abgesetzt werden kann.

Nicht immer kann man Erkrankungen »nur« durch Medikamente beeinflussen. Auch kann eine Umstellung von Gewohnheiten, z. B. körperliche Betätigung oder Ernährung, dazu führen, dass Medikamente reduziert werden können. Trauen Sie sich ruhig auch anzugeben, wenn Sie Medikamente »vergessen« haben oder Sie diese aus einem bestimmten Grund nicht genommen haben, ansonsten geht Ihr Arzt davon aus, dass die Medikamente nicht wirken und verschreibt Ihnen »mehr«. Es kann vorkommen, dass z. B. Schmerzmedikamente weiterverschrieben werden, auch wenn die akute Schmerzsymptomatik, z. B. nach einer Operation, vorüber ist.

Häufig kommt es auch zu einer dauerhaften Verschreibung von Magenschutztabletten, obwohl man heutzutage weiß, dass diese Medikamente nicht zum allgemeinen Schutz verordnet werden sollten, sondern nur, wenn dies erforderlich ist, weil z. B. bestimmte Schmerzmedikamente oder Kortison dauerhaft eingenommen werden (Moßhammer et al. 2016).

Wie aber sollten Sie mit den Medikamenten umgehen, die Sie nach Absprache mit Ihrem Arzt unter Berücksichtigung der oben genannten Aspekte nehmen?

Sollten Sie Schluckbeschwerden haben oder es einfach als unangenehm empfinden, Ihre Medikamente zu schlucken, besteht auch die Möglichkeit, diese zu mörsern – hierfür fragen Sie aber bitte in der Apotheke nach, ob dies auch nicht die Wirkung der Medikamente beeinträchtigt. Aufgrund der Darreichungsform darf man u. a. folgende Medikamentenformen nicht mörsern, da sonst die Wirkung verloren geht:

- Kapseln
- Depot/Retard-Präparate
- Kautabletten
- Dragees
- Brausetabletten

> **Tipp:** Fragen Sie nach, ob es ggf. »zermörserbare« Alternativen gibt. Ebenfalls können Sie nachfragen, ob es die Tabletten in der entsprechenden Dosierung gibt, d. h. dass Sie vielleicht nicht 2 × 25 mg von einem Medikament nehmen, sondern 1 × 50 mg, um sich so eine Tablette zu »ersparen«. Auch müssen Sie nicht zwingend alle Medikamente auf einmal nehmen, hier gibt es oftmals verschiedene Einnahmehinweise zu beachten, bspw. in Bezug auf die Zeit vor oder nach einer Mahlzeit.

Zusammenfassend lässt sich festhalten, dass es durchaus Möglichkeiten gibt, selbst Einfluss auf die Anzahl und Art der Medikamenteneinnahme zu nehmen. Eine wichtige Voraussetzung hierfür ist aber eine gute und vertrauensvolle Kommunikation mit Ihrem Hausarzt bzw. Ihrem Apotheker und die Gewissheit, die Informationen auch einfordern zu dürfen, da es sich um Ihre Belange handelt. Oftmals ist es sehr hilfreich, eine Person Ihres Vertrauens mitzunehmen, da vier Ohren oftmals mehr hören als zwei.

3.2 Sarkopenie

Fallbeispiel

Die Schwestern Helga und Agnes P. leben seit dem Tod von Helgas Mann zusammen in einem Haus. Helga ist drei Jahre älter und war immer schon die bedächtigere und ruhigere von beiden, während Agnes immer viel unterwegs und dauernd in Bewegung war. »Wenn Du nicht ruhiger wirst, findest Du nie einen Mann.« sagte Helga immer zu Agnes. Aber Agnes wollte gar nicht heiraten. Sie liebte ihren Beruf als Krankengymnastin und fuhr mit dem Fahrrad zu ihren Patienten, das gebe ihr ein Gefühl von Unabhängigkeit, meinte sie. Auch mit 83 fährt sie

noch jeden Tag mit dem Fahrrad ihre Runde. Bewegung macht Agnes
Freude, während Helga die häusliche Gemütlichkeit vorzieht. Vor ein
paar Wochen, als es richtig kalt war und frischer Schnee die Landschaft
verschönerte, überredete Agnes Helga, doch mit ihr nach draußen zu
kommen und den wunderbaren Schnee zu genießen. Helga war seit
dem Tod ihres Mannes noch ruhiger geworden und saß am liebsten am
Kamin und strickte. Für sie war die ständige Bewegung ihrer Schwester
nichts. Nach langem Überreden erklärte sie sich dann aber doch bereit,
eine Runde durch den Garten zu gehen. Es war jedoch sehr kalt und
verdammt rutschig. Und da war es auch schon passiert: Helga verlor auf
dem rutschigen Betonweg das Gleichgewicht, klammerte sich an Agnes,
die mit der Wucht der vollen Größe ihrer Schwester nicht gerechnet
hatte und beide plumpsten mit einem Aufschrei auf den Boden. Agnes
erholte sich schneller von dem Schreck, ihr Knie schmerzte, aber sie war
gut trainiert, nahm sich zusammen, robbte zum Blumenständer und
zog sich an ihm hoch. »Bist Du ok, Helga?« Helga stöhnte und rollte sich
schwerfällig auf den Rücken. Agnes wurde ganz unruhig, in ihrem Kopf
wirbelten die schlimmen Ideen, was alles die Schmerzen bei Helga
verursachen könnte: Knochenbruch, Platzwunde, Prellung? »Warte, ich
rufe den Krankenwagen.« rief sie und hangelte sich vom Blumenständer
bis zur Hauswand mit der Gartentüre, wo sie humpelnd ins Haus ge-
langte und den Krankenwagen rief.

Im Krankenhaus konnte man zwar glücklicherweise bei beiden
Schwestern einen Knochenbruch ausschließen, aber Helga trug eine
schmerzhafte Prellung der Hüfte davon, Agnes eine Prellung des
rechten Knies. Ihnen wurde Bettruhe empfohlen und sie wurden nach
Hause geschickt. Als der Hausarzt am nächsten Tag bei einem Hausbesuch den Bericht des Krankenhauses las und von dem Sturz der beiden Schwestern erfuhr, schaute er sehr ernst beide an: »Meine Damen,
das war so leichtsinnig von Ihnen. Und die Gefahr ist leider auch noch
nicht vorbei. Sie haben sich zum Glück zwar beide nichts gebrochen,
aber Sie haben beide Schmerzen und werden versuchen, sich zu scho-
nen und weniger zu bewegen. Aber genau DAS ist die große Gefahr!«
Helga und Agnes schauten ihn verdutzt an. »Aber Herr Doktor,« rief
Helga, »wenn ich Schmerzen habe, darf ich mich doch gar nicht bewegen. Das steht auch in dem Bericht. Da hilft nur ruhig auf dem Sofa

liegen und abwarten, bis es besser wird. Das habe ich auch früher immer so gemacht.« Doch der Hausarzt schüttelte den Kopf. »Das stimmt so nicht ganz, meine Damen. Natürlich sollen Sie Ihre Schmerzen nicht unnötig verstärken. Aber in Ihrem Alter verlieren Sie ganz schnell Muskelmasse und Muskelkraft, wenn Sie sich jetzt einige Tage lang nicht bewegen. Das geht viel, viel schneller als bei jüngeren Menschen. Man nennt das »Sarkopenie«. Und diese verlorene Muskelmasse wieder aufzubauen, dauert dann auch viel länger als bei jüngeren Menschen. Sie kennen doch bestimmt den berühmten Fußballspieler unseres Stadtvereins, der sich vor ein paar Wochen das Knie verletzt hat und operiert werden musste, oder? Er steht schon wieder auf dem Platz und spielt. Sicher hat er auch Muskelmasse verloren, aber er hat sie schnell wieder aufbauen können. Er ist aber auch erst 22 Jahre alt. Ihr Körper begleitet Sie beide seit über 80 Jahren. Er hat viel geleistet und verliert schneller Muskelmasse und Muskelkraft – und braucht nachher doppelt so lange, um wieder einen Teil der Kraft zurückzugewinnen. Wenn Sie jetzt nicht rechtzeitig einschreiten, wird die Muskelkraft immer weniger und für Sie beide hieße das dann: Hilfe holen, denn Sie könnten Ihren Haushalt dann nicht mehr allein schaffen. Wollen Sie das?« »NEIN!« riefen beide gleichzeitig mit angstgeweiteten Augen.

Ihre Unabhängigkeit im Alltag war ihnen so wichtig. Agnes erledigte alle Einkäufe mit dem Fahrrad, Helga übernahm das Kochen und beim Hausputz und der Wäsche teilten sie sich ein. »Was können wir denn tun, Herr Doktor?« fragte Helga hilfesuchend. Der Hausarzt lächelte: »Eigentlich ist es ganz einfach: Bewegen Sie sich weiterhin so wie bisher. Ich schreibe Ihnen ein paar Schmerztabletten auf, die Sie nehmen können, damit die Bewegungen leichter werden. Und dann sollten Sie Krankengymnastik machen.« Er wandte sich an Agnes: »Sie kennen doch bestimmt einige passende Übungen, oder?« Agnes freute sich, dass der Hausarzt sie nach ihren Fachkenntnissen fragte. »Ja, natürlich – Helga, ich zeige Dir gleich ein paar passende Übungen!« »Aber nicht übertreiben«, warnte der Arzt. Er erläuterte ihnen, dass es wichtig sei, die Übungen regelmäßig zu machen und langsam zu steigern, aber sich nicht zu überfordern. Durch das regelmäßige Trainieren würden die Muskeln beweglich und aktiv gehalten und würden nicht anfangen zu schrumpfen. Zudem sei es wichtig, dass die Damen sich eiweißreich ernährten, vielleicht sogar jeden Tag einen Eiweiß-Drink aus der Drogerie genössen. Das Eiweiß könne dann durch das Training viel besser in die Muskulatur eingebaut werden und den Muskel dadurch stark halten. Agnes war begeistert, Helga noch zurückhaltend. Sie meinte: »Aber ich schaffe das doch nicht so wie Agnes. Sie ist viel trainierter als ich und bewegt sich viel mehr als ich. Ich schaffe das nie – oje, oje, ich werde nicht mehr auf die Beine kommen und nie mehr kochen können.« Sie schluchzte laut auf. Agnes nahm sie tröstend in den Arm: »Keine Sorge, Helga, das schaffst Du auch – nicht wahr Herr Doktor?« »Ihre Schwester hat völlig recht,« sagte der Arzt zu Helga, »es ist nie zu spät dafür, mit Training anzufangen. Und selbst wenn es bei Ihnen etwas länger dauern sollte als bei Ihrer Schwester – Sie werden es dennoch schaffen, wieder auf die Beine zu kommen.«

Und so war es auch: Agnes stellte ein paar Übungen zusammen, die sie aus ihrer langen Berufstätigkeit kannte. Der Hausarzt fand sie sehr gut und bestärkte die Schwestern darin, diese Übungen möglichst täglich durchzuführen und vorher gerne eine von den Schmerztabletten zu nehmen. Auch wenn es Helga schwerer fiel als Agnes, sich diesem täglichen Trainingsprogramm zu widmen, so war die Angst davor, unbeweglich zu werden, zu groß und sie machte tapfer weiter. Und tatsächlich: Die Schmerzen bei den Bewegungen wurden immer weniger, sie brauchten beide bald keine Schmerztabletten mehr vor dem Training einzunehmen. Sie schafften es auch wieder, gemeinsam ihren liegengebliebenen Haushalt wieder zu ordnen und Helga übernahm auch wieder das Kochen wie früher. Agnes war anfangs aufgrund der Prellung ihres Knies mit dem Radfahren noch zurückhaltend und lief die Strecke zum Supermarkt lieber, aber nach ein paar Wochen traute sie sich dann auch wieder aufs Rad und fuhr die Einkaufstouren wie früher. Sie hatten es gemeinsam geschafft!

Zusammenfassend kann man sagen, dass es nie zu spät ist, mit einem Bewegungstraining zu beginnen – auch Spazierengehen gehört dazu. Durch die Bewegung wird nicht nur die Muskulatur trainiert, sondern der gesamte Stoffwechsel im Körper wird angetrieben. Dadurch kann auch ein zu hoher Blutzuckerspiegel gesenkt und der Kreislauf angeregt werden. Auch die Verdauung profitiert von Bewegung, denn der Darm arbeitet durch die Anregung des Stoffwechsels auch aktiver. Zu guter Letzt wird auch das Immunsystem gefördert.

Wer frühzeitig damit beginnt, regelmäßig Sport zu machen – kein Hochleistungssport, einfach nur regelmäßiges Training – wird im höheren Lebensalter davon profitieren, denn der Körper bleibt beweglicher und der gesamte Stoffwechsel angeregter. Das kann sich auf chronische Erkrankungen ebenso positiv auswirken wie auf chronische Schmerzen, denn regelmäßige Bewegung trägt dazu bei, dass Schmerzen weniger stark empfunden werden.

Man ist sich heute einig darüber, dass man einem fortschreitenden Muskelkraft- und Muskelmassenverlust (= Sarkopenie) entgegenwirken kann. Wichtig ist vorher jedoch, dass man auch die ersten Anzeichen für eine Sarkopenie erkennt. Dafür gibt es bestimmte, einfache Untersuchungsmethoden wie die Testung der Hand- und Beinkraft. Ergeben sich dann Anzeichen für das Vorliegen einer Sarkopenie, sollten die Patienten auf eine eiweißreiche Ernährung achten in Kombination mit regelmäßigem Krafttraining (Schaupp et al. 2021).

Tipp: Einer Sarkopenie kann man zudem durch frühzeitiges regelmäßiges Kombinationstraining entgegenwirken bestehend aus Kraft-, Ausdauer- und Gleichgewichtstraining (Eckstrom et al. 2020). Dabei wird empfohlen, das Training mindestens 5 × 30 Minuten pro Woche durchzuführen. Untersuchungen konnten zeigen, dass sich ein regelmäßiges körperliches Training auch positiv auf die Hirnfunktion (Kognition) auswirkt (Eckstrom et al. 2020). Wer sich unsicher dabei fühlt, welcher Sport und wieviel davon gut für ihn ist, kann sich physiotherapeutisch beraten und in entsprechenden Sporteinrichtungen auch physiotherapeutisch anleiten lassen.

3.3 Mundtrockenheit

Fallbeispiel

Hannelore M. ist 76 Jahre alt und sehr traurig. Vor einem Jahr ist ihr Lebensgefährte Manfred gestorben, mit dem sie so viele schöne Reisen unternommen hat. Beide waren Liebhaber der guten Küche und jede ihrer gemeinsamen Reisen führte sie in ein neues, für sie noch unentdecktes Restaurant mit kulinarischen Besonderheiten. Sie genossen Meeresfrüchte ebenso wie fein zubereitete Hausmannskost und einmal wagten sie sich sogar in ein Restaurant, wo molekulare Küche angeboten wurde. Ja, mit Manfred war das Leben abwechslungsreich und in jeder Hinsicht gehaltvoll. Bis dann der Krebs kam, völlig unerwartet. Er war einfach da und Manfred starb nur zwei Monate nach der Diagnose. Hannelore war wie betäubt. Alles gelang nur wie durch eine Wolke zu ihr, die Nachricht, die Beisetzung, die Kondolenzbesuche. Sie stand so neben sich, es fehlte ihr jeder Antrieb, jede Kraft und auch das Interesse am Essen. Sie hatte einfach keinen Appetit mehr. Ihr Hausarzt sagte ihr, das sei eine sehr verständliche Reaktion auf den Tod von Manfred und verordnete ihr ein paar Tabletten, die ihre Stimmung wieder heben sollten. Sie nimmt sie jetzt schon seit vier Wochen und sie spürt auch langsam wieder etwas mehr Kraft. Sie hat angefangen zu kochen, als Erinnerung an Manfred; sie hat angefangen, alle Rezepte, die sie gemeinsam genossen haben, aufzuschreiben. Aber das Schlimme ist: Es schmeckt ihr nicht mehr. Alles ist zu trocken, sie verschluckt sich dauernd, denn es rutscht beim Schlucken nicht mehr richtig weiter. Ihr vergeht dabei die Lust am Essen. Was war nur los mit ihr?

Hannelore leidet an einer sogenannten Mundtrockenheit (Fachbegriff »Xerostomie«). Diese kann bei älteren Menschen gleich mehrere Ursachen haben, da zum einen die Speichelproduktionsorte, die Speicheldrüsen, auch älter werden und weniger Speichel produzieren. Zum anderen können aber auch einige Medikamente die Speicheldrüsen hemmen, sodass sie noch weniger Speichel produzieren. Die Folge ist, dass beim Essen die Nahrung durch den Speichel nicht mehr ausreichend in ein feuchtes Päckchen gepackt werden kann, das leicht die

Speiseröhre hinunterrutschen kann. Daher hat Hannelore auch das Gefühl, dass sie sich verschluckt, denn die Speise bleibt einfach auf dem Weg zur Speiseröhre immer wieder hängen. Und jeder, der schon einmal nachts im Schlaf oder auch in einem heißen Sommer einen richtig trockenen Mund hatte, wird sich daran erinnern, wie unangenehm das ist und wie sehr das an Sandkrümel im Mund erinnert.

Neben der Bedeutung beim Essen hat Speichel aber auch noch ganz andere wichtige Aufgaben: Er sorgt für eine gesunde Mundflora. Ist nicht genug Speichel im Mund, kann diese gesunde Flora kippen und die Zähne werden von Kariesbakterien angegriffen. Dabei kann sich auch ein unangenehmer Mundgeruch entwickeln.

Zusammenfassend kann man sagen, dass Mundtrockenheit zwar oft vorkommt, aber viele Menschen ihrem Arzt nicht davon berichten, weil sie ihnen entweder zu unwichtig erscheint oder es ihnen unangenehm ist. Dabei ist es wichtig, darauf hinzuweisen, damit etwas dagegen getan werden kann. Sprechen Sie Ihren Arzt darauf an. Wird die Mundtrockenheit durch Medikamente hervorgerufen, kann man hier zum Beispiel die Dosierung ändern oder ein anderes Präparat nehmen. Es gibt inzwischen auch Mundsprays und Gele, die helfen können, die Mundschleimhaut wieder zu befeuchten. Auch das Lutschen von zuckerfreien Zitronenbonbons kann helfen, die Speichelproduktion wieder etwas anzutreiben.

Tipp: Sprechen Sie auch Ihren Zahnarzt auf Ihre Mundtrockenheit an. In der Seniorenzahnmedizin, dem Bereich der Zahnmedizin, der sich auf die Mundgesundheit im hohen Lebensalter spezialisiert hat, wurde das Thema Mundtrockenheit sehr gut untersucht. Es konnte inzwischen sogar gezeigt werden, dass es Zusammenhänge gibt zwischen Mundtrockenheit und anderen Funktionseinschränkungen im Alter, wie Mangelernährung, Schluckstörung und körperlicher Kraftlosigkeit (Röhrig et al. 2020). Eine wichtige Ursache für Mundtrockenheit ist bei vielen Patienten die Vielzahl an verschiedenen Medikamenten, die eingenommen werden (Barbe et al. 2018), weswegen es hier wichtig ist, sowohl den Arzt als auch den Zahnarzt darauf hinzuweisen.

3.4 Umgang mit Schmerz

Fallbeispiel

Die 89-jährige Matilde W. leidet seit vielen Jahren an einer schmerzhaften Verkrümmung der Wirbelsäule (Kyphoskoliose), die ihre Beweglichkeit im Alter sehr einschränkt. In den letzten Jahren hat sie das Gefühl, »immer krummer« zu gehen und durch die gebeugte Haltung auch immer mehr Schmerzen im Rücken und im Nacken zu haben. Eine beginnende Knochenbrüchigkeit (Osteoporose) hat man bei ihr auch festgestellt und die Ärzte meinen, sie müsse darauf achten, immer genug Calcium und Knochenvitamin D zu sich zu nehmen. Das versucht sie auch, aber durch den krummen Rücken wird auch das Schlucken schwer und es passiert immer öfter, dass sich im Bauch, der durch die Wirbelsäulenkrümmung nach vorne gewölbt und eingeengt wird, schnell Luft ansammelt, die ebenfalls drückt. An manchen Tagen sind die Schmerzen im Bauch und im Rücken so stark, dass sie gar nicht weiß, wie sie sitzen oder liegen soll. Dann ist ihr einfach nur zum Heulen zumute. Doch dann schämt sie sich gleich: Heulen! Was soll das denn? Das ist was für Memmen! Ist sie nicht dazu erzogen worden? Sie weiß es doch ganz genau: Wer heult und jammert, kommt ins schwarze Loch unter der Treppe. Da konnte man dann nachdenken, wie albern so ein Gejammere war. »Man muss nur früh genug den Kindern beibringen, dass heulen und jammern unnütz ist.«, hat ihre Mutter immer gesagt. »Schmerzen härten ab!« rief sie Matilde W. zu, wenn diese beim Spielen hingefallen war und sich das Knie aufgeschlagen hatte. »Daran ist noch keiner verblutet – und Jammern tun nur Schwächlinge!« Sie hört den strengen Ton ihrer Mutter noch heute und dann bekommt sie ein ganz schlechtes Gewissen, dass sie sich so hat gehenlassen.

Aber seit dem Tod ihres Mannes fühlt sie sich so oft allein und das macht alles nur noch schlimmer und sie fühlt sich so niedergeschlagen und hilflos. Ihre Nichte hat ihr geraten, doch mal über eine Psychotherapie nachzudenken. »Bloß nicht!«, hat sie sofort geantwortet, »Ich bin doch nicht plemplem oder verrückt!« Die Nichte schaute sehr verwundert und fragte, was denn eine Psychotherapie mit Verrücktheit zu tun hätte? Ach, diese Jugend von heute – wissen die denn nicht, dass der ganze Psychokram quatsch ist und nur Versager und Memmen dorthin gehen? Das hat sie von Kindesbeinen an gelernt: Zusammennehmen und selbst mit allem fertig werden! DAS zeichnet einen starken Menschen aus. Wer zum Psychodoktor geht, hat schon versagt. Aber das will sie nicht. Nein, sie will weiter durchhalten, wie ihre Mutter es immer von ihr verlangt hat und die muss es wissen, denn sie hat schließlich einen Erziehungsratgeber gelesen, an den sie sich auch sehr strikt hielt.

Tipp: Es ist für Angehörige und Vertrauenspersonen sehr schwer, zusehen zu müssen, wenn eine ihnen nahestehende Person unter Schmerzen leidet und dennoch hilfreiche therapeutische Maßnahmen ablehnt. Im Fall von Matilde W. glaubte die Nichte, dass ihr neben einer medikamentösen Schmerztherapie auch eine Psychotherapie helfen könnte, was Matilde W. aber ablehnte. Die Gründe für diese Ablehnung beruhen auf Angst, daher ist es wenig sinnvoll zu versuchen, Matilde W. zu etwas zu überreden oder sie gar zu zwingen, eine Psychotherapie zu machen. Wichtig ist, diese Ablehnung zu respektieren und gemeinsam mit Matilde W. andere, für sie gangbare Wege zu finden. Einer der Wege kann z. B. die psychosomatische Grundversorgung sein, eine Art »kleine Psychotherapie«, die gewöhnlich jeder Hausarzt anbietet. Man kann gezielt danach fragen. Der Vorteil ist, dass man erleichternde Gespräche mit dem vertrauten Hausarzt führen kann, der einen meist lange und gut kennt. Man muss keinen neuen Therapeuten aufsuchen und lange Wartezeiten in Kauf nehmen, da die Termine für die psychosomatische Grundversorgung kürzer als für eine Psychotherapie sind und dadurch auch im hausärztlichen Praxisalltag durchgeführt werden können. Auch muss dafür kein Antrag bei der Krankenkasse gestellt werden, denn diese übernehmen die Kosten für diese Termine auch ohne Antrag. Gerade bei älteren Menschen mit Vorbehalten gegenüber Psychotherapeuten hat sich diese Methode bewährt (Röhrig-Herzog 2021). Weitere Therapiewege umschließen ergänzend zur medikamentösen Behandlung auch die Physio- und Ergotherapie, nach denen man sich in der ärztlichen Sprechstunde aktiv erkundigen sollte.

Exkurs: Die autoritäre Erziehung des Nationalsozialismus

Matilde W. ist in einer Zeit in Berlin geboren, in der Deutschland unter der Schreckensherrschaft der Nationalsozialisten stand. Um ihrem Ziel, eine willig-angepasste und leicht führbare Jugend heranzuziehen, die sich allein mit den nationalsozialistischen Idealen identifiziert, wurde schon früh, bereits im Säuglingsalter, politisch Einfluss genommen auf die Erziehung der Kinder. Der Erziehungsratgeber von Johanna Haarer, einer überzeugten Nationalsozialistin, lehrte eine bindungsarme und distanzierte Form der Erziehung, die von Gewaltanwendung, Entwertung und Erniedrigung geprägt war. Nach den Erkenntnissen der Bindungswissenschaften verhindert eine solche Erziehung bei Kindern bereits im frühen Alter die Entwicklung einer gesunden Bindungsfähigkeit, also dem Gefühl, sich auf die Bezugsperson und dadurch auch auf sich selbst verlassen zu können, weil sie nie erleben, dass ihre Gefühle von der Bezugsperson respektiert und verstanden werden (Bowlby 2016; Wall 2015). Ein Kind, das weint, weil es hingefallen ist, hat das Bedürfnis nach Trost und Zuwendung und sucht sie bei der Bezugsperson. Kommt stattdessen – wie bei Frau W. – von Seiten der Mutter nur Spott und Ablehnung, lernt das Kind, dass Weinen bei Schmerzen »nicht in Ordnung« ist und versucht es zu vermeiden. Im Lauf der Zeit entwickelt sich ein Muster, demzufolge alles, was mit Gefühlen zu tun hat ebenso wie alles was helfen könnte, Gefühle zu verstehen (z. B. eine Psychotherapie), abgelehnt wird, weil es ja zu Spott und Ausgrenzung führt. So ein Muster kann sich das ganze Leben lang halten, bis ins hohe Alter hinein (Chamberlain 2020). Es gibt keine wissenschaftlichen Studien, die eindeutig belegen, dass die Erziehungsmethoden der Nationalsozialisten dazu geführt haben, dass all die damals jungen Kinder, die heute hochbetagte Senioren sind, durch diese schreckliche Form der Pädagogik Schwierigkeiten im Umgang mit Schmerzen entwickelt haben. Aber es gibt eine zunehmende Zahl von Daten, die darauf hinweisen, dass Menschen, die an einer Bindungsstörung leiden, oft große Schwierigkeiten haben, mit chronischen Schmerzen umzugehen (Pfeifer et al. 2016). Gerade bei diesen Patienten bietet sich eine Kombination aus Schmerztherapie und Psychotherapie an, weil sie nur durch einen zuverlässigen Therapeuten im Rahmen einer Psychotherapie sichere Bindungserfahrungen machen können, die ihnen helfen, Vertrauen zu entwickeln und einen erleichterten Umgang mit Schmerzen zu bekommen.

3.5 Der vergessene Schmerz

Fallbeispiel

Beate S. besucht regelmäßig ihre demenzkranke Mutter im Seniorenheim. Ihre Mutter Paula S. leidet seit mehreren Jahren an der Alzheimerkrankheit. Im Seniorenheim hat sie sich aber im Lauf der Zeit gut eingelebt, sie schien auch zufrieden zu sein. Inzwischen ist die Demenz jedoch so weit fortgeschritten, dass Paula S. keine Vorstellung von Zeit mehr hat und auch vergessen hat, dass sie in einem Seniorenheim lebt und auch keine vollständigen Sätze mehr sprechen kann. Oft erkennt sie Beate S. auch erst nach einiger Zeit wieder. Beim letzten Besuch merkte Beate S., dass ihre Mutter den sonst so geliebten Sahnejoghurt nicht essen wollte. Auch keine Schokopraline wollte sie, obwohl sie die sonst mit Begeisterung naschte. Beate S. war irritiert und fragte bei der Bereichspflegerin nach, was das Verhalten der Mutter erklären könne. Diese meinte, sie sei sicher noch zu müde nach der Gruppengymnastik. Nachdenklich ging Beate S. nach Hause. Das kannte sie bei ihrer Mutter nicht. Ihre Mutter erkannte sie zwar nicht immer, aber durch den Sahnejoghurt und die Schokopraline war immer schnell das alte Vertrauensverhältnis wieder hergestellt. Doch wenn sie beides nicht mehr annehmen wollte? In den nächsten Tagen wurde Paula S. richtig abwehrend, wenn man ihr Essen oder Getränke anbot. Sie schlug einmal sogar der Pflegehelferin das Essen aus der Hand und drehte den Kopf weg. Sie stöhnte, wenn man sie im Gesicht oder am Hals berührte. Das war völlig neu. Beate S. war sehr verunsichert, was war nur mit der Mutter los? Ob sie Schmerzen hatte? Wenn sie ihr doch nur antworten würde. Aber auf ihre Fragen bekam sie nur ein Jammern und Stöhnen und wenn sie näher an ihre Mutter herankam, drehte diese den Kopf weg. Sie wurde erst ruhiger, als Beate S. anfing, ihr die Hand ganz sanft zu streicheln. Das schien sie zu entspannen und die gekrümmte Körperhaltung, mit der sie neuerdings im Bett lag, ließ nach. Während Beate S. ihr die Hand streichelte, fiel ihr auf, dass sich ihre Mutter ganz heiß anfühlte und der Pulsschlag am Handgelenk sehr schnell war. Sie rief die Pflegerin und diese kam sofort mit einem Fieberthermometer: fast 40 Grad Fieber. Beate S. rief den Hausarzt an und der versprach, auch gleich vorbeizukommen. Er hörte Paula S.' Lunge ab und verordnete ihr fiebersenkende Medikamente. Als Beate S. ihm von dem seltsamen Verhalten der Mutter erzählte und fragte, ob sie eventuell Schmerzen haben könnte, meinte der Hausarzt, dass das kaum möglich sei, da Paula S. ja an fortgeschrittener Demenz leide. Da spüre man keine Schmerzen mehr, man vergesse alles, auch den Schmerz.

Als das Fieber am nächsten Tag nicht besser wurde, wies der Hausarzt Paula S. ins Krankenhaus ein. Dort stellte man fest, dass sie durch einen vereiterten Zahn eine beginnende Blutvergiftung hatte. Die Ärzte im Krankenhaus wunderten sich, dass die Patientin gar nicht über Schmerzen geklagt habe.

Tipp: Wenn man den Eindruck hat, dass ein fortgeschritten demenzkranker Patient an Schmerzen leidet, muss das ernst genommen werden. Das Verhalten, das Paula S. zeigte, war ein Abwehrverhalten, sie hatte solche Zahnschmerzen, dass sie weder eine Berührung im Gesicht ertrug noch etwas essen wollte. Da sie sich nicht mehr ausdrücken konnte, verschloss sie den Mund und drehte den Kopf weg. Als das nichts half, schlug sie nach dem Essen, das ihre Schmerzen vergrößern würde. Ärzte können bei Verdacht auf Schmerzen auch erwägen, versuchsweise einmal Schmerzmittel zu geben und zu schauen, ob es dem Patienten besser geht. Keinesfalls sollte man das Abwehrverhalten nur als Unruhe bewerten und dagegen Beruhigungsmittel geben – die Schmerzen würden fortbestehen und der Patient sich wegen des Beruhigungsmittels nicht mehr wehren können. Umgekehrt muss man auch immer dann, wenn ein demenzkranker Patient ein ganz ungewohntes Verhalten zeigt oder unerwartet sehr unruhig wird, daran denken, dass er Schmerzen haben könnte. Schmerzen gehören auch bei Demenzpatienten grundsätzlich abgeklärt und die Ursache möglichst beseitigt. Wie weit diese Abklärung gehen soll, hängt allerdings ganz vom (angenommenen) Patientenwunsch ab und davon, ob sie dem Patienten mehr nutzt als schadet. So kann z. B. bei einem schwerst pflegebedürftigen Patienten mit fortgeschrittener Demenz eine Operation auch durchaus unterlassen werden, wenn man davon ausgehen muss, dass es ihm durch die Operation nicht besser gehen wird oder möglicherweise sogar noch schlechter. Stattdessen würde man dann im Sinne eines palliativ-geriatrischen Ansatzes alles tun, um den Patienten möglichst schmerzfrei zu bekommen, z. B. durch starke Schmerzmittel. Das Wichtigste ist, dass man nie vergisst, dass Demenz nicht vor Schmerzen schützt.

Die Dimensionen von Schmerz

Es ist heute allgemein bekannt, dass Demenzpatienten ebenso Schmerzen empfinden können wie Patienten ohne Demenz. Allerdings können Patienten, die an fortgeschrittener Demenz leiden, ihre Schmerzen nicht mehr so mitteilen wie nicht demente Patienten. Wir alle nehmen Schmerzen in verschiedenen Dimensionen wahr. Die Wissenschaftler Melzack und Wall haben diese drei Dimensionen beschrieben (Melzack und Wall 1996):

- Diskriminative Dimension: Seit wann und wo besteht der Schmerz? Wie stark ist der Schmerz?
- Kognitiv-evaluative Dimension: Wie verändert sich der Schmerz im Verlauf? Was lindert oder verstärkt ihn?
- Affektiv-motivationale Dimension: Was fühle ich? Welche Gefühle ruft der Schmerz bei mir hervor?

Bei Patienten mit fortgeschrittener Demenz gehen nach und nach die diskriminative und die kognitiv evaluative Dimension verloren, weil die zugehörigen Hirnstrukturen untergehen. Zuletzt bleibt meist nur noch die affektiv-motivationale Dimension, die es den Patienten nur noch ermöglicht, Schmerz durch Gefühlsregungen auszudrücken, wie bspw. Wut (z. B. Wegschlagen, Schreien), Hilflosigkeit und Verzweiflung (z. B. Weinen, Jammern) oder Ärger und Trotz (z. B. Wegdrehen) (Sirsch et al. 2015).

Da Patienten mit fortgeschrittener Demenz keine Angaben machen können zum Schmerzort, der Stärke und der Dauer und auch nicht mitteilen können, was ihnen gegen die Schmerzen hilft, muss man auch die Untersuchungsmethode anpassen, da die Schmerzfragebögen für nicht demente Patienten bei Demenzpatienten schnell an ihre Grenzen kommen. Daher wurde mit Unterstützung der Deutschen Schmerzgesellschaft ein spezieller Untersuchungsbogen entwickelt, der sich für den Einsatz bei Demenzpatienten eignet, die nicht mehr in der Lage sind zu sprechen. Der Bogen nennt sich »Beurteilung von Schmerzen bei Demenz (BESD)« (Schuler 2014). Die Deutsche Schmerzgesellschaft hat für die Anwendung des BESD Lehrvideos entwickelt, die auf der Internetseite der Schmerzgesellschaft kostenlos abgerufen werden können.

https://www.schmerzgesellschaft.de/topnavi/die-gesellschaft/arbeitskreise/schmerz-und-alter

https://www.schmerzgesellschaft.de/hilfseiten/besd-videos

3.6 Depression im Alter

Fallbeispiel

Die 83-jährige Frau Hilde D. kommt in Begleitung ihres Sohnes zum Hausarzt. Eine Vorstellung dort erfolgte bereits vor vier Wochen aufgrund von Rückenschmerzen. Diese seien nach der Verschreibung von Schmerzmedikamenten nur unzureichend besser geworden. Daher stellt sich Frau D. nun die Frage, ob man die Medikamente erhöhen kann. Bei der letzten Vorstellung war der Sohn nicht dabei, so dass der Hausarzt nun die Gelegenheit nutzt, auch eine Fremdanamnese zu erheben. Der Sohn berichtet, dass ihm unabhängig von den Schmerzen seiner Mutter aufgefallen sei, dass sie schon seit einigen Wochen weniger Appetit habe und häufiger die Verabredungen mit ihm und seiner Tochter abgesagt habe.

Normalerweise genieße seine Mutter die Zeit mit ihrer Enkelin sehr. Daraufhin entgegnet Frau D., dass sie dies auf die Rückenschmerzen zurückführe, alles andere würde sich wahrscheinlich ja auch wieder bessern, wenn die Schmerzen erst einmal weg seien. Zugegebenermaßen fühle sie sich auch seit mehreren Monaten etwas niedergestimmter, ohne dass es einen akuten Anlass gebe. »Da muss ich jetzt durch, was meinen Sie, ich habe den Krieg miterlebt – ich kann was aushalten. Aber diese Rückenschmerzen machen mir gerade das Leben zur Hölle.«

Die Depression ist eine Erkrankung, die in allen Altersgruppen vorkommt. Bei älteren Menschen wird sie aber häufiger als solche nicht erkannt. Dies kann darin begründet sein, dass bei älteren Menschen häufig die somatische Multimorbidität (die gleichzeitig bestehenden körperlichen Erkrankungen) im Vordergrund steht, oder aber die Betroffenen haben aufgrund ihrer Biografie/Erziehung selbst nicht ausreichend gelernt, ihre Gefühle wahrzunehmen, oder sind schambehaftet, wenn es darum geht, über ihre Gefühle zu sprechen, da dies als unwesentlich abgetan werden könnten.

Die Bedeutung, Emotionen auch bei geriatrischen Patienten nicht zu vernachlässigen und immer miteinzubeziehen, zeigt sich auch darin, dass auf geriatrischen Stationen bei Aufnahme auch immer ein Kurzfragebogen zur Emotion, in der Regel der GDS (Geriatrische Depressionsskala), erhoben wird. Hier erfolgt anhand von kurzen Ja-/Nein-Fragen ein Vorabscreening, um abschätzen zu können, ob eine weitere Diagnostik erforderlich ist.

Diese Erkrankung betrifft das Handeln, Fühlen und Denken und hat daher einen großen Einfluss auf die Lebensqualität der Betroffenen. Depressive Episoden bauen sich in der Regel nach Wochen bis Monaten auf und entstehen nicht plötzlich, auch wenn sie häufig zunächst nicht als solche erkannt werden. (Lieb 2019).

Wie äußert sich eine Depression? Es gibt verschiedene Symptome, die über eine niedergedrückte Stimmung hinausgehen:

• Freudlosigkeit
• Antriebsmangel
• Interessenverlust
• Erhöhte Ermüdbarkeit
• Verminderte Konzentration und Aufmerksamkeit
• Vermindertes Selbstwertgefühl, Selbstvertrauen
• Gefühl von Schuld/Wertlosigkeit
• Negative, pessimistische Zukunftsperspektiven
• Grübelneigung
• Schlafstörungen
• Libidoverlust
• Verminderter Appetit
• Suizidgedanken, -handlungen

Je nach Anzahl der Symptome kann man verschiedene Schweregrade der Depression unterscheiden. Bei sehr schweren Formen kann es auch zu sogenannten Wahngedanken kommen. Die hier anzutreffenden Wahninhalte beziehen sich auf die (wahnhafte, also nicht reale) Befürchtung zu verarmen, nichts wert zu sein oder zu versündigen. Körperliche Beschwerden und Depression sind eng miteinander verknüpft, so dass es nicht sinnvoll erscheint, immer von einem »entweder oder« auszugehen. Körperliche Symptome (wie z. B. Schmerzen) können im Rahmen von Depressionen entstehen, ohne dass hierfür eine organische Ursache gefunden werden kann. Häufig können sich aber auch organisch begründbare Beschwerden durch eine Depression noch verschlechtern. Auch können körperliche Erkrankungen zu Depressionen führen, insbesondere chronische Erkrankungen. Aber auch nach stattgehabten Schlaganfällen kann man ein erhöhtes Auftreten von Depressionen beobachten, so dass es demnach auch das Krankheitsbild der »Post stroke-Depression« (Depression nach Schlaganfall) gibt.

Stehen verminderte Konzentration und Aufmerksamkeit im Vordergrund, kann die depressive Symptomatik auch mit einer demenziellen Entwicklung verwechselt werden, man spricht dann auch von einer »Pseudodemenz«. Es ist daher wichtig, im Rahmen der medizinischen Abklärung alle möglich vorkommenden Symptome der Depression (siehe vorherige Aufzählung) zu erfragen. Wenn Sie also bei sich oder anderen die Symptome wahrnehmen und medizinische Hilfe suchen, müssen körperliche Ursachen ausgeschlossen werden, bevor man von einer reinen Depression ausgehen kann. Hier ist es wichtig, dass die Symptome identifiziert werden und auch in ihrer Wichtigkeit, d. h. inwiefern diese ihre Lebensqualität beeinträchtigen, benannt werden können. Abhängig davon kann entschieden werden, welche Form/Art der Therapie zielführend ist. Im Alltagsgeschehen lässt sich beobachten, dass die größte Hürde, insbesondere bei älteren Menschen, eben darin liegt, professionelle Hilfe aufzusuchen und nicht den falschen Ehrgeiz zu entwickeln, es schon selbst hinbekommen oder aussitzen zu müssen.

Die Ursachen für eine Depression sind multifaktoriell, d. h. also auf verschiedene Faktoren zurückzuführen. Dazu zählen u. a.

- genetische Veranlagung,
- Ungleichgewicht der Botenstoffe im Gehirn,
- Stress,
- Lichtmangel,
- körperliche Erkrankungen,
- Medikamentennebenwirkungen sowie
- Lebensumstände/Verlustsituationen (Verlust von Gewohntem).

Mit Verlustsituationen ist nicht nur der Verlust in Form des Todes eines geliebten Menschen gemeint, sondern allgemein der Verlust von Gewohntem. Das kann z. B. der Verlust der körperlichen Unversehrtheit durch Auftreten von (chronischen) Erkrankungen oder altersbedingten Einschränkungen oder der Verlust von Tagesstruktur und Sinn des Seins durch bspw. den Renteneintritt in Kombination mit fehlenden Alternativen sein. Auch kann hiermit der räumliche Verlust von Kindern gemeint sein, der Verlust der finanziellen Sicherheit durch eine geringe Rente bzw. finanzielle Einschränkungen, der Verlust sozialer Kontakte oder der Verlust der freien Mobilität durch z. B. sensorische Einschränkungen wie Hören, Sehen oder Gehstörungen etc. Der Umgang mit an Depression erkrankten Menschen ist einerseits von Unsicherheit geprägt (Angst, etwas »Falsches zu sagen oder es noch schlimmer zu machen«), andererseits lässt sich aber auch eine Tendenz zu vorschnellen »Lösungsvorschlägen« erkennen. Die Herausforderung besteht hier oft darin, das Leid des anderen, in der Regel geliebten Menschen auszuhalten und »einfach« nur da zu sein, auch ohne »das Problem« sofort lösen zu können.

Woran kann man sich also orientieren? Unbeabsichtigt verstärken können Sie die Depression und die häufig damit verbundenen Insuffizienzgefühle oder Schuldgefühle durch vermeintlich gut gemeinte aufbauende/motivierende Worte oder »Kalendersprüche« wie

- »Das wird schon wieder«
- »Schau mal, die Sonne scheint, da kann doch keine schlechte Laune aufkommen.«
- »Mir geht das auch manchmal so, aber das geht dann auch wieder vorbei.«
- »Schau doch mal, was Du alles hast, statt Dich auf die negativen Sachen zu konzentrieren.«
- »Sei dankbar.«
- »Du musst Dich jetzt mal ablenken.«
- »Du musst lächeln, dann kommt das gute Gefühl von ganz allein.«
- »Das Leben ist kein Ponyhof.«

Tipp: Ein kurzer Perspektivenwechsel lässt Sie wahrscheinlich schnell erahnen, wie solche Aussagen noch mehr negative Gefühle und auch das Gefühl der Einsamkeit/Nicht-Verstanden-Werden verstärken können. Auch bagatellisieren Sie (unbeabsichtigt) mit solchen Aussagen die empfundenen Gefühle Ihres Gegenübers. Heutzutage kann ein zunehmender Trend zur Selbstoptimierung und dem fehlenden Zulassen von negativen Gefühlen gesehen werden, der Menschen (mit einer Depression) sich noch einsamer fühlen lässt. Abzuraten ist daher von Provokationen, Aggressionen, Druck, Witzen, Aufheiterungsversuchen etc.

»Schau doch mal, was Du alles hast, statt Dich auf die negativen Sachen zu konzentrieren.« Was kann dies bei Ihrem Gegenüber auslösen?

»Ich bin selbst Schuld, weil ich mich nicht auf die positiven Sachen konzentrieren kann, ich bin unfähig dazu. Es ist undankbar von mir, dass ich gerade nicht die guten Dinge wertschätzen kann, obwohl ich doch weiß, dass ich es gerade im Vergleich zu vielen anderen Menschen gut habe. Ich enttäusche auch mein Gegenüber mit meinem Verhalten und kann gerade nicht meine Freude darüber äußern, dass er da ist.«

Aber was kann man tun? Da sein und da bleiben und die eigenen Begrenzungen aushalten können und auch akzeptieren. Ansprechbar sein, Sympathie äußern, nachfragen, statt davon auszugehen, dass sie es verstehen, weil sie auch manchmal »schlecht drauf« sind.

Mögliche Formulierungen können sein:

- »Ich bin für dich da.«
- »Ich mag (oder liebe) dich, ganz egal, wie es dir geht.«
- »Kann ich etwas für dich tun?«
- »Du bist nicht allein – ich bin da.«
- »Es tut mir leid, dass es dir so schlecht geht. Aber mach dir bitte keine Sorgen darüber, wie es mir geht, ich sorge gut für mich.«
- »Wenn du reden willst – ich bin da. Es ist aber auch in Ordnung, wenn du nicht reden magst.«

Sie sollten sich als Angehöriger/Freund aber bewusst machen, dass sie nicht die Aufgabe eines Therapeuten übernehmen können. V. a. in Situationen, in denen Sie nicht abschätzen können, ob sich der Betroffene in akuter Gefahr, bspw. durch Suizidalität befindet, sollten Sie umgehend Hilfe hinzuziehen (Notruf). Häufig wird davon ausgegangen, dass man eine

Depression schon irgendwie selbst in den Griff bekommen kann durch
»zusammenreißen«, »sich auf positive Gedanken zu konzentrieren« etc.
Liegt tatsächlich eine Depression vor, vielleicht sogar eine schwere, dann
werden solche Ansätze nicht ausreichen.

In diesem Fall wird das Aufsuchen von professioneller Hilfe häufig als
Versagen gesehen oder empfunden. Bei körperlichen Symptomen wie z. B.
Schmerzen, Husten etc. würde dies nicht als Versagen angesehen werden.
Auch mit zunehmendem Verständnis für psychische Erkrankungen in der
Gesellschaft besteht noch immer nicht selten eine gewisse Scham bzw.
Verurteilung. Das Aufsuchen von professioneller Hilfe sollte nicht als
»Versagen« angesehen werden, sondern als Schritt in eine Richtung mög-
licher Heilung. Es gibt verschiedene therapeutische Möglichkeiten, die v. a.
in Kombination effektiv sein können. Hierzu gehören die Psychoeduka-
tion (Vermittlung von Kenntnissen, Fertigkeiten und Umgang bezüglich
einer Erkrankung), die Psychotherapie (die erwiesenermaßen bei Patienten
in allen Altersgruppen wirksam ist), die medikamentöse Therapie oder
auch digitale Gesundheitsanwendungen (DiGA). Bei bestimmten Formen
der Depressionen (saisonale Depression) können auch Therapien wie
Lichttherapie wirksam sein.

Es besteht die Möglichkeit einer ambulanten Therapie, einer stationären
oder auch teilstationären Therapie, bspw. in Form einer tagesklinischen
Behandlung. Nicht zu vergessen sind Selbsthilfegruppen für Betroffene
selbst, aber auch für die Angehörigen.

Was aber kann man prophylaktisch tun? Die Ursachen sind multifaktoriell, daher kann man das Entstehen auch nicht einfach verhindern, aber
sicherlich modifizieren und auch die Auftretenswahrscheinlichkeit reduzieren, durch u. a.

- körperliche und geistige Aktivität,
- soziale Kontakte aufbauen/erhalten,
- Etablierung einer (geregelten) Tagesstruktur,
- Aufbau von Alternativen zur Tagesstrukturierung, wenn das Rentenalter
  eintritt,
- lernen, seine Emotionen (auch negative) zuordnen zu können,
- lernen, mit sich selbst auch nachsichtig sein zu können, sowie

- Aktivitäten, die auch durchzuführen sind, wenn man allein oder körperlich nicht voll einsatzfähig ist oder die auch ohne einen Partner möglich sind.

Zusammenfassend kann man sagen, dass die Depression eine Erkrankung ist, die grundsätzlich jeden treffen kann und die man nicht allein durch Willenskraft heilen kann. Entscheidend ist das Erkennen der Symptome und das Aufsuchen von Hilfe, da es auch für die Depression wie für viele andere Erkrankungen effektive Therapien gibt.

4 Sich pflegen können

4.1 Aufkommende Pflegebedürftigkeit

Fallbeispiel

Bis vor kurzem war Susan D. glücklich darüber, dass ihre Eltern in dem Alter noch so gut allein zurechtkamen. Vater fuhr einkaufen und machte die Besorgungen. Mutter kochte, machte noch immer die Wäsche und kümmerte sich um die regelmäßigen Bestellungen der Rezepte beim Arzt. Natürlich besorgte Susan auch das ein oder andere. So brachte Susan eher die schweren Sachen mit, damit die beiden nicht mehr so viel tragen mussten.

Irgendwann fiel ihr auf, dass die Fingernägel ihrer Mutter immer ein bisschen zu lang und unter den Nägeln schwarze Ränder zu sehen waren. Das irritierte sie, denn ihre Mutter achtete sehr penibel auf ihr äußeres Erscheinungsbild. Als ihr das zum ersten Mal auffiel, besuchte sie die beiden in ihrem Haus meist einmal im Monat. Das war so ungefähr vor einem Jahr. Seitdem schaute sie bei ihren über 80-jährigen Eltern meist einmal die Woche vorbei, wobei die hohe Frequenz ihr oft nicht ausreichend vorkam. Wenn sie die beiden fragte, gab es keine Probleme, niemand benötigte irgendwelche Unterstützung, aber sie wirkten ganz anders. Susan beobachtete das mittlerweile genau. Zu den schmutzigen Fingernägeln roch das Haus mehr und mehr nach Urin und es war offensichtlich, dass ihre Eltern mit dem Haushalt nicht mehr hinterherkamen. Für heute hatte sie sich ein klärendes Gespräch vorgenommen, so konnte es nicht weitergehen. Sie brauchten mehr Unterstützung. Allein letzte Woche waren beide am Nachmittag noch im

Nachtzeug und ungekämmt, dazu sah es so aus, als hätten beiden noch nichts gegessen. Sie rief nach ihnen, als sie die Haustür aufschloss, aber niemand meldete sich. Sie legte ihre Handtasche ab und schritt die Treppe hoch, rief die beiden, aber es kam wieder keine Antwort. Im ersten Obergeschoss hörte sie ein leises Murmeln aus dem elterlichen Schlafzimmer.»Nun komm schon Hilde. Susan kommt gleich.«»Ich kann nicht.«, hörte sie die leise Antwort ihrer Mutter. Ohne zu klopfen ging sie ins Schlafzimmer. Ihr Vater, selbst nur teilweise angezogen, zog an Mutters Arm, um sie zum Hinsetzen zu bewegen. Aber die alte Dame hatte nicht die Kraft, sich in eine sitzende Position zu bringen. Ihr fiel auf, wie abgemagert beide waren. Das Zimmer schien lange Zeit nicht gelüftet. Dann platzte es aus ihr heraus:»Ihr kommt ja überhaupt nicht mehr klar. So geht das nicht weiter!«

Eine aufkommende Pflegebedürftigkeit bei älteren Menschen geht oft mit starker Schambehaftung einher und wird selten klar thematisiert und als das benannt, was es ist, ein notwendiger Unterstützungsbedarf von außen. Menschen der Kriegsgenerationen und auch die Generation nach ihnen neigen dazu, den eigenen Defiziten wenig bis keinen Raum zu geben. Sie werden schlicht verdrängt. Sie sprechen Probleme nicht an und wollen diese auch selten wahrhaben. Diese Problematik muss bei der Thematisierung mitbedacht werden, denn sie erfordert Sensibilität im Umgang mit der Generation und für ein solches Gespräch.

Meistens sind entweder chronisch fortschreitende Erkrankungen oder aber akut einsetzende Ereignisse wie bspw. schwere Sturzereignisse für eine aufkommende Pflegebedürftigkeit ursächlich. Manchmal ist es aber auch einfach das Alter mit seinen normalen körperlichen und geistigen Einschränkungen, das eine Pflegebedürftigkeit begünstigt. Es braucht im oben gezeichneten Fall in erster Linie ein offenes Gespräch über die täglichen Arbeiten im Haushalt und die Selbstversorgungseinschränkungen, um sich überhaupt ein Bild von der notwendigen Unterstützung zu verschaffen. Tägliche Einschränkungen aufgrund akuter oder chronischer Erkrankungen sind meistens in drei Bereichen zu finden. Auf der einen Seite zeigen sich Problemlagen im Umgang mit ärztlich angeordneten Medikamenten oder Behandlungen, wie etwa die Blutdruck- oder Blutzuckermessung, die geregelte Einnahme der verordneten Medikamente oder dem Spritzen von Insulin. Die zweite Säule ist die nicht mehr gelingende Haushaltsführung mit den Aspekten des Einkaufens, der Reinigung des Wohnraums und der Versorgung mit Mahlzeiten und dem adäquaten Trinken. Die letzte Säule ist meistens ein Defizit im Umgang mit der täglichen Körperhygiene, dem Zähneputzen, dem An- und Auskleiden und der Versorgung mit Inkontinenzartikeln, um einer bestehenden Blasen- und/oder Darmschwäche zu begegnen. Jede Säule für sich ist für gesunde Menschen völlig selbstverständlich, jedoch für pflegebedürftige Menschen allein nicht mehr zu bewältigen.

Was können Sie tun? Sehr viele Erkrankungen können im ambulanten Bereich versorgt und abgedeckt werden. Über 82 % der pflegebedürftigen Menschen in Deutschland werden ambulant, sprich in den eigenen vier Wänden versorgt und gepflegt (vgl. Pflegedschungel 2022). Erfahrungsgemäß müssen pflegebedürftige Menschen erst dann in eine stationäre Einrichtung, wenn sie kognitiv, im Sinne einer demenziellen Entwicklung eingeschränkt sind und dazu neigen, ohne Ziel die Wohnung zu verlassen, oder wenn sie schwerstpflegebedürftig sind und niemand im Haushalt diesen Aufwand bewältigen kann. Eine Einschätzung dazu kann für Betroffene und Angehörige der langjährige Hausarzt oder Geriater geben, weil er die hochbetagten Menschen meist gut und langjährig kennt und einen Verlauf von Gesundheit hin zu Pflegebedürftigkeit beobachten konnte.

Tipp: Das Wissen darum, dass Patienten mit einer aufkommenden Pflegebedürftigkeit gut zu Hause versorgt werden können, hilft in einem ersten Gespräch mit Betroffenen sehr gut. Schließlich wollen die wenigsten Menschen in ein Pflegeheim umziehen und dafür das gewohnte Umfeld verlassen. Sprechen Sie also als erstes mit den Betroffenen und anschließend mit dem behandelnden Hausarzt oder Geriater. Über diesen bekommen Sie einen Verordnungsschein, auf welchem alle notwendigen medizinischen Anordnungen an einen Pflegedienst delegiert werden können. In Absprache mit einem ambulanten Pflegedienst Ihrer Wahl wäre damit im ersten Schritt die ärztlich angeordnete Versorgung des Betroffenen gesichert. Über die Krankenkasse der Betroffenen können Sie sich einen Antrag auf Pflegegrad zusenden lassen und diesen ausfüllen und einreichen. Sehr zeitnah wird sich ein Vertreter der Krankenkasse, nämlich ein Mitarbeitender des Medizinischen Dienstes der Krankenkassen (MDK), zu einem Termin anmelden und den betroffenen Pflegebedürftigen besuchen und begutachten.

Es empfiehlt sich, in der Zwischenzeit ein Pflegetagebuch zu führen, um sich einen guten Überblick über die pflegerischen Aufwände zu verschaffen. Dazu sollten Angehörige, die die Versorgung des Ehepartners, der Eltern oder eines Elternteils übernommen haben, bei der Begutachtung dabei sein.

Der Gutachter des MDK prüft die folgenden sechs Bereiche:

- Mobilität
- Kognitive und kommunikative Fähigkeiten
- Verhaltensweisen und psychische Problemlagen
- Selbstversorgung
- Umgang mit krankheits- und therapiebedingten Belastungen
- Gestaltung des Alltagslebens und sozialer Kontakte

Nach der Begutachtung wird festgelegt, welcher Grad an Pflegebedürftigkeit vorliegt. Dementsprechend wird der Pflegende in den Pflegegrad 1 bis 5 eingestuft. Jeder Pflegegrad ist mit einem Pflegegeld hinterlegt. Aktuell handelt es sich um die in den ▶ Tab. 4.1 und ▶ Tab. 4.2 aufgeführten Summen für pflegende Angehörige.

Tipp: Wenn Sie monatlich nicht alle Sachleistungen für die Betreuung durch den ambulanten Pflegedienst benötigen, können Sie 40% der ungenutzten Sachleistungen in Betreuungs- und Entlastungsleistungen umwandeln. Dieser Schritt nennt sich Umwandlungsanspruch.

Falls ein Pflegedienst zu Ihnen kommen muss, ergeben sich andere Pflegesachgelder, welche in ▶ Tab. 4.2 aufgeführt sind.

Tab. 4.1: Übersicht über das Pflegegeld im Jahr 2024
(https://www.bundesgesundheitsministerium.de/pflegegeld)

Pflegegrad 1	Pflegegrad 2	Pflegegrad 3	Pflegegrad 4	Pflegegrad 5
125 € (Entlastungsbetrag)	332 €	573 €	765 €	947 €

Tab. 4.2: Übersicht über das Pflegesachgeld im Jahr 2024
(https://www.dmrz.de/wissen/ratgeber/pflegesachleistungen)

Pflegegrad 1	Pflegegrad 2	Pflegegrad 3	Pflegegrad 4	Pflegegrad 5
125 € (Entlastungsbetrag)	760 €	1.431 €	1.778 €	2.200 €

Sie sehen anhand beider Tabellen, dass pflegebedürftige Menschen erst ab Pflegegrad 2 auch Pflegegeld bekommen. Pflegebedürftige Personen im Pflegegrad 1 bekommen lediglich einen Entlastungsbetrag, welcher für Betreuungs- und Entlastungsleistungen gedacht ist. Der Einsatz des Entlastungsbetrages ist zweckgebunden und kann bspw. für Tages- oder Nachtpflege, für Kurzzeitpflege, für Leistungen eines Pflegedienstes oder für die Alltagsbegleitung durch anerkannte Angebote genutzt werden. Ziel ist es, pflegende Angehörige zu entlasten und die Autonomie des Pflegebedürftigen zu unterstützen.

Sollten Sie oder jemand aus Ihrem nahen Umfeld so schwer beeinträchtigt sein, dass nur noch eine vollstationäre Versorgung in Frage kommt, ist die wichtigste Information, dass die Pflegeversicherung die Kosten für die Pflege übernimmt. Sie selbst tragen hingegen die Kosten für Unterkunft, Verpflegung, Investitionskosten, Wäscheservice und Reinigung des Wohnraums in der stationären Pflege.

> **Tipp:** Sollten Sie bei den genannten Eigenanteilen feststellen, dass die Rente des Betroffenen nicht ausreicht, haben Sie die Möglichkeit, Unterstützungsleistungen beim Sozialamt zu beantragen.

Bevor Sie einen Pflegegrad für den Betroffenen beantragen, können Sie im Vorfeld die Pflegebedürftigkeit online mittels Eingabe der benötigten Unterstützung berechnen:

 https://www.pflegegrad-berechnen.de/

In Kombination mit dem Pflegetagebuch und der Anwesenheit der Pflegepersonen während der Begutachtung sind Sie sehr gut auf die Begutachtung des MDK vorbereitet. Wichtig ist, Sie können gegen den Bescheid zur Eingruppierung der Pflegebedürftigkeit einen Widerspruch einlegen, wenn Sie der Meinung sind, dass der Betroffene falsch eingestuft wurde. Aber schauen Sie sich den Bescheid genau an, denn ein Widerspruch unterliegt zeitlichen Fristen.

Weit im Vorfeld, also bevor es nach einer eintretenden Pflegebedürftigkeit aussieht, könnten Sie sich an einem der vielen Pflegestützpunkte in Deutschland zur Thematik Pflegebedarf beraten lassen. Auf der Seite des Bundesgesundheitsministeriums finden Sie weiterführend eine Suchmaschine, um sich für Ihre Region einen Pflegestützpunkt anzeigen zu lassen. In diesen Pflegestützpunkten treffen Sie auch auf Pflegeberater der Krankenkassen. Hier sind Sie grundsätzlich für eine umfassende Beratung gut aufgehoben.

 https://www.bundesgesundheitsministerium.de/service/begrif fe-von-a-z/p/pflegestuetzpunkte.html

Sollte nur ein Familienmitglied pflegebedürftig sein und der Ehepartner eine Auszeit benötigen, haben Sie die Möglichkeit einer Kurzzeitpflege oder einer Verhinderungspflege für den Betroffenen. Die Kurzzeitpflege wird von vielen stationären Pflegeheimen angeboten und kann Angehörige bis zu 28 Tage von der Pflege zu Hause entlasten. Die Verhinderungspflege kann durch eine Pflegeperson im Haushalt erfolgen. Dazu kann ebenfalls der Pflegestützpunkt beraten, da die pflegende Person Geld für die erbrachten Leistungen von der Pflegekasse erhält.

Tipp: Manchmal sind bei diversen Discountern Hilfsmittel wie Rollatoren, Gehstützen oder auch Rollstühle im Angebot. Nehmen Sie diese Angebote bitte nicht in Anspruch. Bei einer eingetretenen Pflegebedürftigkeit stehen Ihnen diverse Hilfsmittel auf Rezept durch den Hausarzt zur Verfügung. Dazu zählen bspw. technische Pflegehilfsmittel wie ein Pflegebett, Badewannenlifter, Pflegerollstuhl oder auch Patientenlifter, um bspw. eine pflegebedürftige Person aus dem Bett in einen Rollstuhl zu transferieren. Aber auch Verbrauchsgegenstände wie Hygieneprodukte zur Versorgung einer Inkontinenz, Handschuhe und Betteinlagen erhalten Sie auf Rezept vom Hausarzt. Fragen Sie bitte Ihren behandelnden Arzt und lassen sich in einem Sanitätshaus beraten.

4.2   Trockene Haut

Fallbeispiel

Herta F. war 87 Jahre alt und nach dem Duschen cremte sie sich bereits ihr ganzes Leben ein. Nur in letzter Zeit juckte zuerst ihr Rücken ständig und irgendwie wurde sie das Gefühl nicht los, dass dieser furchtbare Juckreiz sie den ganzen Tag am gesamten Körper im Schach hielt. Als sie ihre Tochter darum bat, mal auf ihren Rücken nach einer Ursache zu suchen, sagte sie, dass die Haut trocken und leicht gerötet aussah. Mehr konnte sie nicht erkennen. Aber wie konnte das denn sein? Schließlich cremte sie sich doch immer ein? Trockene Haut? Sie war eine sehr saubere Frau, duschen musste sie jeden Tag, sonst fühlte sie sich nicht wohl. Davon würde sie auch nicht abrücken. Sie würde sich noch totkratzen, wenn das Jucken nicht wieder aufhören würde.

Die Haut ist das größte Organ und ihre wichtigste Funktion ist die Schutzfunktion. Wenn diese Funktion beeinträchtigt ist, kann es zu verschiedenen Funktionseinschränkungen und folgenden Symptomen kommen: Von leichten Hautirritationen wie Trockenheit, Schuppigkeit, Jucken und Brennen bis hin zu ernsten Hautentzündungen und Hauterkrankungen.

Grundsätzlich sind altersbedingte Veränderungen der Haut nicht krankhaft, sondern eher als normaler Alterungsprozess anzusehen. Dennoch führen unterschiedliche Veränderungen der Haut zu einer erhöhten Wahrscheinlichkeit auf Hautveränderungen und somit auch zu Hauterkrankungen im Alter. Die Haut und die Alterung der Haut beruhen auf intrinsischen und extrinsischen Mechanismen. Während zu den intrinsischen Mechanismen bspw. die Genetik zählt, welche bisher nicht beeinflussbar ist, zählen hierzu auch hormonelle Einflüsse, die ebenso die Hautalterung mitbeeinflussen. Zu den extrinsischen Mechanismen zählen bspw. Nikotinmissbrauch und das Sonnenbaden. Hier ist vor allem der Faktor Zeit entscheidend, also wie lange man geraucht hat und wie oft und wie lange man UV-Strahlen ausgesetzt war. Bei einem langen Zeitraum kann eine deutliche Hautalterung beobachtet werden (vgl. Blum 2005). Zu den Veränderungen der Haut zählt unter anderem ein erhöhter pH-Wert der Hautoberfläche, was eine krankhafte Keimbesiedlung der Haut nach sich ziehen kann. Die Unterhautfeuchtigkeit nimmt ab und die Zusammensetzung der Fette zwischen den Zellen verändert sich.

Die Anzahl und die Funktion verschiedener Zellen nehmen ebenfalls ab und auch die sensorische Wahrnehmungsfähigkeit reduziert sich, ebenfalls die Produktion des Kollagen. Auch das Fettgewebe schrumpft im Alter. Die genannten Veränderungen der Altershaut können Juckreiz mit sich bringen, aber auch Verletzungen und Wunden zur Folge haben. Ebenfalls können oberflächliche Scherverletzungen leichter auftreten (vgl. DDG-Kongress 2016, Abstractband). Vor allem aber die Verminderungen der Talgdrüsen in der Haut können zu trockener Haut im Alter führen, die sich vor allem in starkem Juckreiz äußert. Dies gründet sich in einer Funktionsstörung der Feuchtigkeitsregulation der Haut. Trockene Haut kann weiterführend zu einer größer werdenden Hautproblematik führen, die zwar durch kaltes Wasser an der juckenden Stelle abgemildert werden kann, aber auch ursächlich für das Austrocknen durch zu viel Waschen ist. Trockene Haut muss also in jedem Fall ernst genommen werden. Auch Heizungsluft kann die Problematik gerade in den Wintermonaten verstärken und die Haut noch weiter austrocknen (vgl. Blum 2005).

Tipp: Trockene Haut, einhergehend mit teils sehr starkem Juckreiz, ist in der Versorgung von alten Menschen sehr häufig. Meiden Sie zu häufigen Wasserkontakt und zu häufiges Duschen oder Baden. Benutzen Sie nach dem Wasserkontakt rückfettende Lotionen sowie Salben und Cremes mit harnstoffhaltigen Zusätzen. Meiden Sie hingegen wasserhaltige Lotionen oder Cremes, weil diese die Haut erneut austrocknen würden.

Bei einer Öl-in-Wasser-Emulsion (O/W-Emulsion) sind Öl- und Wassertröpfchen sehr fein verteilt, die äußere Phase besteht aus Wasser. Dieser Emulsionstyp gibt viel Feuchtigkeit, er lässt sich leicht verteilen und zieht schnell in die Haut ein. Dieser eignet sich besonders für die normale und eher fettige Haut. Für die trockene Haut ist jedoch eine Wasser-in-Öl-Emulsion (W/O-Emulsion) empfehlenswert. Diese funktioniert nach dem entgegengesetzten Prinzip. Auch hier sind Öl- und Wassertröpfchen fein verteilt. Die äußere Phase besteht aus Öl. Wegen der hohen Fettabgabe an die Haut, der rückfettenden Eigenschaften und der Reduzierung des Wasserverlustes empfiehlt sich diese Zusammensetzung etwa in Form von reichhaltigen Cremes oder Fettcremes vor allem bei trockener Haut (https://www.haut.de/emulsionen-oel-und-wasser/). Sie finden auf den Packungen Angaben dazu, ob es sich um eine Wasser-in-Öl-Lotion oder um eine Öl-in-Wasser-Lotion handelt.

Es gibt auf dem Markt grundsätzlich viele verschiedene Produkte, von denen zwar viele vielversprechend Werbung machen, aber dem Patienten mit trockener Haut wenig Nutzen bringen. Lassen Sie sich in der Drogerie bzw. bei schwerwiegender Problematik in der Apotheke oder von einem Hautarzt beraten.

4.3 Nagelpilz

Gelbe und krumme Fußnägel? Nagelpilz oder die sogenannte Nagelmykose an einzelnen Zehennägeln oder auch an den Fingernägeln sind bei schwer pflegebedürftigen Menschen relativ häufig und werden durch die Betroffenen als sehr unangenehm beschrieben, da der Pilz im Nagel arbeitet und dies deutlich zu spüren ist. Sogar von der »Volksseuche Nagelpilz« ist in den Medien zu lesen, da Nagelpilzerkrankungen zunehmen und auch immer häufiger junge Menschen betroffen sind. Ursächlich sind vor allem schwitzende Füße und dadurch aufgeweichte Haut und Nägel, was ein Eindringen des Pilzes begünstigt. Das Barfußlaufen in Umkleiden kann eine Ansteckung begünstigen. Pilzsporen sind hartnäckig und auch bei guter Bodenpflege häufig präsent. Einmal im Nagel eingedrungen, arbeitet sich der Pilz durch den Abbau von Keratin im Nagel bis zur Matrix vor, was wie oben beschrieben als unangenehm empfunden wird. Eine Therapie ist immer abhängig vom Fortschreiten des Pilzes im Nagel. So kann eine Lokaltherapie am Nagel angezeigt sein oder aber eine systemische Therapie mittels Medikamenteneinnahme. Fakt ist jedoch, dass beide therapeutischen Ansätze Monate dauern, ehe ein Nagel gesund und ohne Pilzbefall nachgewachsen ist (vgl. Stephan 2018).

Tipp: Aus der langjährigen Erfahrung der Autorinnen hat sich folgende Behandlungskombination als wirksam und kostengünstig gezeigt: Zweimal wöchentlich ein lauwarmes Fuß- oder Handbad der betroffenen Nägel mit Meersalz vom Toten Meer. Anschließend gut abtrocknen und die betroffenen Nägel mit 1–2 Tropfen Teebaumöl beträufeln. Zwar müssen Sie auch hier am Ball bleiben, aber ziemlich schnell kann beobachtet werden, wie der gesunde Nagel nachwächst.

5   Essen und Trinken

5.1   Veränderte Mobilität und Gewichtszunahme

Fallbeispiel

Als Elisabeth K. in das kleine Pflegeheim einzog, war sie bereits 90 Jahre alt und trotz fortschreitender Knie- und Hüftbeschwerden am Rollator gut und selbstständig mobil. Im Gegensatz zu vielen anderen Bewohnern fühlte sie sich schnell wohl und zu Hause, denn sie war geistig orientiert und kämpfte somit »nur« mit ihren körperlichen Problemen und Beschwerden. Ansonsten fühlte sie sich gesund, fand schnell Anschluss und nahm an Veranstaltungen im Haus und auf dem Wohnbereich teil. Manchmal wurde sie auch von ihrer Familie abgeholt und kam mal einen Nachmittag oder Abend raus, was ihr auch sehr guttat. Mit den Schwestern verstand sie sich gut, sie bekam alle Hilfe, die sie benötigte, machte aber auch noch viel allein. Nach ungefähr einem Jahr fiel ihr das Laufen aufgrund der abgenutzten Knie und Hüften zunehmend schwerer und so kam es, dass sie einen Rollstuhl benötigte und nicht mehr selbstständig am Rollator laufen konnte. Es dauerte zwar eine Weile, aber sie konnte sich mit der Einschränkung abfinden und nahm es als Lauf der Dinge, schließlich war sie schon über 90 Jahre alt. Da sie im Oberkörper beweglich war, ihre Arme und Hände ebenfalls noch gut funktionierten, bewegte sie sich nun mit dem Rollstuhl selbstständig über den Wohnbereich. Anfangs war das richtiges Training, aber mittlerweile fiel es ihr leicht.

Nur ihre Tochter schien sich wenig mit dieser natürlichen Veränderung abfinden zu können. Anfangs motivierte sie Elisabeth wieder und wieder dazu, doch am Rollator zu laufen, was jedoch aufgrund der Schmerzen und der fehlenden Kraft nicht mehr gelang. Die Knie sackten einfach weg und die Gefahr, dass Elisabeth stürzen würde, erhöhte sich. Aber sie hatte keine Ruhe, denn wenige Monate, nachdem sie nicht mehr laufen konnte, bemerkte sie, dass sie ein paar Kilo zugenommen hatte. Das gefiel ihr zwar auch nicht, jedoch sagten die Schwestern, dass es nicht so schlimm wäre, schließlich bräuchte sie im Falle eines Infektes ein paar Kilo zum Zusetzen. Sie hatte eben einfach weniger Bewegung als vorher. Sie aß aber nicht übermäßig, was sie schon ärgerte. Auch hier bohrte ihre Tochter und sprach mit den Schwestern, ihr doch bitte am Nachmittag keinen Kuchen mehr zu reichen, was die alte Dame als gute Idee akzeptierte, schließlich wollte sie nicht noch mehr zunehmen. Ab sofort aß sie keinen Kuchen mehr, aber sie nahm weitere zwei Kilo zu. Dies veranlasste die Tochter dazu, das Frühstück auf ein Brötchen und das Abendessen auf eine Scheibe Brot zu rationieren. Auch hier passte sich Elisabeth schweigend an. Sie nahm nun auch nicht mehr zu. Dennoch sprach die Tochter erneut vor und fragte bei den Schwestern im Pflegeheim, ob es diätisches oder leichtes Mittagessen für ihre Mutter geben könnte.

Das Team stellte sich die Frage, was die Tochter mit diesem Schritt bezwecken wollte?

Bei diesem Fallbeispiel ist es wichtig, dass die Pflege die Sorgen und Bedenken der Tochter ernst nimmt und reflektiert, schließlich würde ein stetig ansteigendes Gewicht das Herz-Kreislauf-System, die Gelenke und weitere Organfunktionen der alten Dame zusätzlich belasten. Dennoch gilt es, ebenfalls die Wünsche und Bedürfnisse der alten Dame zu berücksichtigen und hier eine Lösung zu finden. Hierbei war offensichtlich, dass sich die alte Dame der Tochter fügte. Elisabeths sehr hohes Alter wirft aber im Gesamtkontext der Problematik die Frage auf, ob die strenge Limitierung der Mahlzeiten wirklich notwendig und sinnvoll ist.

Tipp: Das Leben im Pflegeheim ist sehr strukturiert und dadurch geregelt. Die große Zeit des Austausches und der Konversation sind die Mahlzeiten. Hier treffen sich Menschen am Tisch und nehmen gemeinsam ihre Mahlzeiten zu sich. Dabei werden alle wichtigen Themen besprochen, Pläne für die Teilnahme an Veranstaltungen vereinbart und möglicherweise gegenseitige Besuche auf dem eigenen Zimmer abgestimmt.

Aufgrund des verbotenen Kaffees und Kuchens am Nachmittag fiel bereits eine dieser Möglichkeiten für Elisabeth weg. Auch die gekürzten Frühstücks- und Abendessenmöglichkeiten führten dazu, dass sie schneller den Tisch verließ und wesentlich weniger Konversation zustande kam, was sehr schade war. Sollten Sie als Angehöriger der Meinung sein, dass sich Ihr Angehöriger gesünder ernähren müsste, sprechen Sie bitte völlig frei die Pflegekräfte an. Gerade beim Frühstück und Abendessen kann dem gut begegnet werden, ohne dass die Mahlzeiten immer karger sein müssen. Salate, Eiweißbrot oder Obst und Gemüse sind kein Problem. Alternativ können Sie auch selbst etwas Gekochtes mitbringen und für Ihren Angehörigen aufwärmen lassen. Auch gemeinsam einen großen Salat essen, würde das Abendessen beleben.

Weiterhin können Sie gemeinsam mit Ihren Angehörigen, der sozialen Betreuung und den Alltagsbegleitern ein Gespräch führen, wo und wie Ihren Angehörigen regelmäßig Seniorengymnastik, Sport oder weitere Bewegung ermöglicht werden kann. Alternativ könnten Sie den betreuenden Hausarzt um wiederkehrende Physiotherapierezepte bitten, damit Ihr Angehöriger Krankengymnastik erhält.

Aus der Perspektive der Pflegefachkraft können die Autorinnen nur an Sie appellieren: Seien Sie nachsichtig! Die Mahlzeiten sind das soziale Leben in einem Pflegeheim. Die Zwischenzeit im eigenen Zimmer ist oft einsam. Die Gewichtszunahme rührte aufgrund der wenigeren Bewegung und dem damit verbundenen reduzierten Grundumsatz. Die Schwestern baten die Tochter in einem persönlichen Gespräch um die erwähnte Nachsicht, erklärten ihr um die Bedeutung der Mahlzeiten und auch, dass hier mit mehr Salaten, Obst und Vollkornprodukten gearbeitet werden kann. Sie stimmte zu, die alte Dame nahm wieder mehr am gemeinschaftlichen Leben teil. Das Gewicht der alten Dame blieb später stabil.

5.2 Veränderte Präferenz beim Essen und Trinken

Fallbeispiel

Evelyn G. besuchte ihren Vater regelmäßig in dem ländlichen Altenpflegezentrum. Nun wohnte er schon vier Jahre hier. Als er vor einigen Jahren immer vergesslicher wurde, blieb ihr leider nichts anderes übrig, als ihn hierher umziehen zu lassen, schließlich lebte ihre Mutter schon eine Weile nicht mehr und sie selbst konnte als alleinstehende Frau die Arbeit keinesfalls aufgeben. Er hatte sich ziemlich verändert in den letzten Jahren. Die Demenz schritt unaufhaltsam fort und sie holte sich nach und nach viele Teile seiner Persönlichkeit. War er anfangs müde und ausgelaugt oder später auch mal nervös und fahrig, wenn sie ihn besuchte, schien er in letzter Zeit sehr gereizt und auch wütend zu sein. Mitunter erzählten die Pflegekräfte von einem herausfordernden Verhalten. Ihr Vater schrie und schlug nach den Mitarbeitern. Puh, damit fühlte sie sich nicht wohl, aber sie konnte bei den Pflegekräften und auch bei den anderen im Haus kein Fehlverhalten feststellen. Es lag an ihm, dachte sie, und bemerkte, wie sie sich immer weiter von ihrem Vater entfernte. Es schien nur eine Frage der Zeit zu sein, wann er sie nicht mehr erkennen würde. Wann er nicht mal mehr wusste, dass sie seine Tochter war. Über Trauer war sie längst hinweg, sie versuchte seit einiger Zeit, ihm einfach über Biografiearbeit zu helfen, wenigstens noch ein bisschen er selbst zu sein und zu bleiben. Als sie letztens im Heim ankam, saßen alle still und essend am Tisch. Ihre Augen suchten den alten Mann im Rollstuhl und fanden ihn an seinem gewohnten Platz. Als sie zu ihm ging, musste sie mit Erschrecken feststellen, dass er

Fisch aß. Unter Protesten seinerseits zog sie den Teller weg und ging damit irritiert zur Pflegekraft. »Mein Vater hat nie Fisch gegessen, er mag keinen Fisch. Warum geben Sie ihm solches Essen?« Die Pflegekraft sah sie verwirrt an. »Er isst doch jeden Freitag Fisch, ich kann Ihre Reaktion nicht nacholziehen.«

Für betroffene Angehörige ist zuallererst wichtig zu wissen, dass sich das Ess- und Trinkverhalten eines Menschen mit einer Demenz verändern kann. Betroffene Menschen verlieren nicht nur ihr Gedächtnis, sondern auch grundelementare Bedürfnisse wie Hunger und Durst, ein Sättigungs- wie auch Völlegefühl werden nicht immer wahrgenommen. Es kann auch sein, dass teils gar nicht mehr gegessen wird. Geschmacksrichtungen wie etwa sauer, salzig und bitter werden oftmals komplett abgelehnt, während gerade zuckrige, auch sehr süße Speisen bevorzugt werden. Auch dann, wenn die Betroffenen dies sonst nicht so gern gegessen haben. Auch eine Paranoia, dass Lebensmittel schlecht oder sogar vergiftet sind, kann dazu führen, dass sie nicht mehr gegessen werden. Betroffene sind oft auch zu müde, um zu essen. Auch das Gegenteil ist möglich, sie sind viel zu nervös, um eben in Ruhe essen zu können.

Auch eine altersentsprechend gute Trinkmenge von 1,5 Litern am Tag können Menschen mit Demenz schlecht bewältigen. Das Risiko für eine Mangelernährung und auch für einen Mangel an Flüssigkeitsaufnahme steigt daher enorm an. Gerade Betroffene mit einer hohen inneren Unruhe benötigen zusätzliche Kalorien, weil der Drang, sich ständig zu bewegen, viel Energie kostet. Und ja, es kann auch sein, dass ein Mensch in seiner Demenz plötzlich Lebensmittel bevorzugt, die er eigentlich nicht oder nie gegessen hat. Hier gilt es, lassen Sie Ihren Angehörigen das essen, was er essen möchte. Meistens bevorzugen Betroffene einfache Speisen und weniger aufwendige Kreationen. Dazu verlieren Betroffene meistens Tischmanieren. Im fortgeschrittenen Stadium der Erkrankung wissen Betroffene auch nicht mehr, wie genau man mit Besteck umgeht. Wenn die Diagnose Alzheimer oder Demenz gestellt wurde, empfiehlt es sich, dass Sie gemeinsam die Gewohnheiten zu bevorzugten Speisen, Snacks und Getränken aufschreiben. Hierbei kann auch überlegt werden, worauf sich der Betroffene immer besonders gefreut hat und was zum Beispiel am Wochenende gegessen wurde. Folgende Fragen können dabei helfen, die

Ernährungsbiografie schriftlich festzuhalten, um im Falle einer fortschreitenden Demenz mit den Vorlieben arbeiten zu können. Auch Altenpflegeheime sind hierüber dankbar. Je mehr über einen potenziellen Bewohner bekannt ist, desto besser kann ihm begegnet werden.

Fragen zum Erstellen einer Essbiografie:

- Wo und wie haben Sie gelebt (in der Stadt, auf dem Land, in einer Klein- oder Großfamilie)?
- Welche Mahlzeiten gab es und wurden diese gemeinsam eingenommen?
- Wurde zu Hause gekocht? Von wem?
- Was wurde zu den einzelnen Mahlzeiten gegessen?
- Gab es traditionelle Gerichte an Sonn- und Feiertagen?
- Was war das Lieblingsessen während der Kindheit?
- Welche Gerichte mochten Sie zum Frühstück, Mittag- und Abendessen gern, welche weniger gern?
- Welche Tischsitten und -rituale gab es?
- Gab es unangenehme Erlebnisse rund um das Essen?
- Haben Sie bei bestimmten Lebensmitteln besondere Erinnerungen?

Tipp: Bei Menschen mit einer demenziellen Erkrankung hilft es nicht, wenn Sie ständig davon reden, dass dies oder jenes gegessen werden muss. Besser ist es, wenn Sie einfach gemeinsam essen und trinken. Das animiert Betroffene dazu, mitzuessen, da das gemeinsame Essen und Trinken biographisch verankert ist. Bei fehlendem Bewusstsein für Essmanieren und Besteck kann sogenanntes Fingerfood angeboten werden. Dazu benötigt der Betroffene kein Messer und keine Gabel. Bei großem Bewegungsdrang können Sie mit Ihrem behandelnden Hausarzt sprechen und sich über hochkalorische Zusatzkost informieren. Das sind zumeist 200 ml Trinkpäckchen in verschiedenen Geschmacksrichtungen, die pro Flasche bis zu 300 Kalorien haben. Dies beugt bei oben genannter Problematik eine Mangelernährung vor. Auch bei Allergien auf Laktose kann zu der Trinknahrung gegriffen werden, da es hier Anbieter gibt, die solche Nahrung in Form von Säften anbieten.

Auch die Vorstellung bei einem Geriater ist empfehlenswert, um sowohl diagnostisch wie auch therapeutisch optimale Bedingungen für den Betroffenen in Sachen Ernährung schaffen zu können.

Unter folgendem Link finden Sie die Deutsche Gesellschaft für Ernährung e. V.: https://www.dge.de/. Hier können Sie in der Suche das Wort Seniorenernährung eingeben und finden Vernetzungsstellen in verschiedenen Bundesländern, welche sich ausschließlich mit dem Thema der Seniorenernährung beschäftigen und über Ansprechpartner verfügen.

Weiterhin können Sie bei Ihrer Krankenkasse nachfragen oder Sie suchen in der Nähe Ihres Wohnortes nach einem Ernährungsexperten. Aber auch ein Beratungsgespräch in einem Pflegestützpunkt kann Ihnen zur Thematik der Seniorenernährung weiterhelfen.

6 Ausscheiden können

6.1 Obstipation

Fallbeispiel

Die Pflegekraft Astrid N. rollte mit den Augen, als sie auf dem Pager sah, dass Frau Z. schon wieder den Notruf in ihrem Zimmer gedrückt hatte. Das war jetzt das fünfte Mal in einer Stunde, dachte sie. Die Dame war bereits über 90 Jahre alt und dabei eigentlich noch ziemlich rüstig. Sie benötigte zur Fortbewegung zwar einen Rollstuhl, konnte sich damit aber auf dem Wohnbereich und auch draußen frei bewegen. Auch ihre Mahlzeiten, die Körperpflege oder auch das Gestalten ihres Alltages konnte sie wunderbar ohne große Hilfe meistern. Sie bekam auch regelmäßig Besuch von Familie und Bekannten. Nur bei der Ausscheidung, da war sie ziemlich speziell und Astrid wusste sehr genau, warum Frau Z. wieder geklingelt hatte. Als Astrid das Zimmer betrat, klagt Frau Z. lautstark aus dem Badezimmer. Astrid ging ins Bad. »Wie kann ich Ihnen helfen?«, fragte die Pflegefachkraft und Frau Z. sah sie wütend an. »Ich habe heute schon das zweite Zäpfchen genommen, aber es kommt nichts.«, vernahm Astrid, ihr Blick glitt auf die Abführzäpfchen, welche die alte Dame sich gerade erst aus der Apotheke hatte liefern lassen.

»Sie wissen doch, je öfter Sie die Zäpfchen nehmen, desto weniger geht's von allein.« Astrid wollte nicht mit der alten Dame schimpfen, aber der 10-er Pack Abführzäpfchen wurde vorgestern geliefert und wie es schien, war er bereits wieder leer.

Die alte Dame fragte sich hingegen, wie sie sonst Stuhlgang haben sollte, wenn die Zäpfchen reduziert werden sollten.

Grundsätzlich kennt jede Altersstufe die Problematik der Verstopfung, da es aus verschiedenen Gründen dazu kommen kann, dass der Darm träge ist und dann sozusagen ins Stocken gerät. Im Alter jedoch ist Verstopfung (Obstipation) ein recht präsentes Thema, welches den Betroffenen oft sehr zu schaffen macht. Verstopfung wird selten klar thematisiert, da der Umgang mit und das Gespräch über Ausscheidungen und die damit verbundenen Gewohnheiten und möglicherweise Rituale noch immer ein Tabuthema in der Gesellschaft sind.

Im Fall von Frau Z. handelte es sich um einen schweren Missbrauch von Abführmitteln, welcher bereits lange vor dem Einzug in die stationäre Langzeitpflege begonnen hatte. Frau Z. war versteift und hochkonzentriert auf ihre Ausscheidungen. Ein Tag ohne Stuhlgang war eine Katastrophe für die alte Dame. Dabei berücksichtigte sie leider nicht, dass sie grundlegend zu wenig Flüssigkeit zu sich nahm, was Stuhlgang, der zu einem hohen Prozentsatz aus Wasser besteht, noch einmal mehr verhärtet und dazu beiträgt, die Verstopfung zu verstärken. Weiterhin nahm sie auch in Bezug zu ihrem Alter wenig Nahrung zu sich, was zur Folge hatte, dass Stuhlgang alle 2–3 Tage grundsätzlich völlig normal gewesen wäre. Die Rollstuhlnutzung führte bei Frau Z. zu weniger Bewegung und grundsätzlich hatte die alte Dame auch einige Erkrankungen und daher Medikamente einzunehmen, welche sicherlich in die Problematik mit hineinspielten.

Weiterhin können Stress, wenig Bewegung, eine zu geringe Aufnahme von Ballaststoffen und auch Medikamente zu einer Verstopfung beitragen. Natürlich können auch diverse Erkrankungen dazu führen, dass sich die Ausscheidegewohnheiten verändern. Aber auch medizinische Gründe, wie etwa eine Entleerungsstörung oder auch eine reduzierte Dickdarmbewegung, können als Ursache in Frage kommen. Weiterhin gibt es Ursachen direkt im Darm, wie etwa das Reizdarm-Syndrom sowie entzündete Ausstülpungen im Darm (Divertikulitis), oder auch entzündliche Darmerkrankungen, wie etwa Morbus Crohn oder Colitis ulcerosa. Aber auch ganz harmlos können andere Lebensmittel oder Gewürze in einem fremden Land zu Verstopfungen führen, obwohl man sonst keinerlei Probleme damit hatte.

Tipp: Es empfiehlt sich, bei älteren Menschen mit ähnlicher Problematik im ersten Schritt genau zuzuhören, wo das Problem liegt und seit wann es besteht. Im Fall von Frau Z. hat es geholfen, ihr die Wirkweise eines Abführmittels zu erläutern und vor allem die daraus resultierende Trägheit des Darms aufzuzeigen. Zeitgleich wurde auch auf eine bessere Flüssigkeitszufuhr hingewiesen und auf die Ernährungsgewohnheiten geschaut. Im zweiten Schritt bekam Frau Z. eine Tabelle, um ihren Stuhlgang zu dokumentieren, damit sie sich bewusst machen konnte, dass es trotz allem eine erkennbare Regelmäßigkeit in der Ausscheidung gab. Diese Schritte beruhigten die alte Dame und so konnte gemeinsam mit dem Hausarzt eine alternative, den Darm schonendere Variante gefunden werden, die nichts mit den bisherigen Abführmitteln zu tun hatte und Frau Z. dennoch eine gesunde Ausscheidung ermöglichte, bei welcher sie nicht stundenlang auf der Toilette sitzen musste. Fragen Sie als Angehöriger von pflegebedürftigen Menschen nach den Gewohnheiten und ob bereits jetzt schon die Einnahme diverser Stuhlgangfördernder Medikamente etabliert ist. Fragen Sie vor allem auch nach, welche Medikamente hierfür genau eingenommen werden.

Zu den alternativen Mitteln zählen bspw. Leinsamen, Chiasamen und Flohsamen. Sie binden viel Wasser und quellen um ein Vielfaches auf. Sie bilden eine Schleimschicht, welche sich wohltuend auf den Darm auswirkt. Bei diesen Mitteln ist es zwingend, dass der Betroffene auch ausreichend Flüssigkeit zu sich nimmt, weil die Samen sonst zur Verstopfung beitragen würden. Weitere natürliche Abführmittel sind bspw. Sennesblätter-Tee, Glaubersalz, Rizinusöl, Haferkleie, Sauerkraut oder Dörrpflaumen. Es gibt weitere Mittel wie etwa Lactulose. Dieses milde Abführmittel hilft gerade älteren Menschen bei Verstopfung. Sie sehen, die Möglichkeiten sind vielfältig. Im ersten Schritt könnten Sie es also mit einer erhöhten Getränkezufuhr, mehr Bewegung und einer ballaststoffreichen Ernährung probieren. Sollten Sie hier keine Erfolge haben, können Sie auf die eben aufgeführten natürlichen Unterstützer zurückgreifen.

Erst wenn Ihnen auch das nicht hilft, sollten Sie sich bei weiterhin vorhandener Verstopfung vertrauensvoll und ohne Scham an Ihren behandelnden Arzt wenden, damit für Sie eine optimale Lösung, fernab von Abführmitteln, gefunden werden kann.

Für viele Menschen kann die regelmäßige Einnahme von Abführmitteln ein Anzeichen für eine Essstörung sein. Schließlich verliert man mit jeder Ausscheidung von Stuhlgang auch Gewicht.

6.2 Inkontinenz

Fallbeispiel

Als die Schwiegereltern mit ins Haus einzogen, war anfangs alles gut. Nichts deutete darauf hin, dass einer der beiden Hochbetagten ein Problem mit Urin oder Stuhl hatte. Aber allmählich merkten die beiden Jüngeren im Haus, dass es hier und da vor allem nach Urin roch. Schnell war klar, dass einer der beiden ein Problem mit dem Halten des Urins hatte. Aber wer? Ein zartes erstes Gespräch hatte leider nichts gebracht. Außer Schamesröte bei der Schwiegermutter. »Das war ja ein Reinfall.«, raunte Birgit K. ihrem Mann zu, als ihr auffiel, dass die Schwiegermutter den Windeleimer, welchen sie extra für sie besorgt hatten, stoisch ignorierte. Der Eimer blieb leer. Seit Wochen. Nur die kleinen Plastiktüten mit den nassen Vorlagen im Bad hatten stark gerochen. Was sollte denn der Besuch denken? Das ging so nicht, zumal sie sich das Badezimmer teilten. Vor allem in den Wintermonaten, wenn die Heizung lief, roch es noch schlimmer. Birgit hatte das Gespräch zu ihrer Schwiegermutter mehrfach gesucht, was aber nur ein Abwehren und Verneinen der Problematik mit sich brachte. Da dachte Birgit, sie würde ihr einen solchen Eimer kaufen, dann würde das Badezimmer und somit das Haus nicht mehr riechen. Weit gefehlt, ihre Schwiegermutter zeigte ihr die kalte Schulter, sie bräuchte nur Slipeinlagen, sie habe keine Probleme und Birgit blieb ratlos zurück.

So wie Birgit ergeht es vielen Angehörigen, denn Inkontinenz ist ein sehr sensibles, vor allem aber ein Tabuthema. Unwillkürlich Urin oder sogar Stuhlgang zu verlieren ist derart schambehaftet, dass man gerade innerhalb der Familie, ja sogar innerhalb einer Partnerschaft kaum bis gar nicht darüber reden kann. Oftmals empfiehlt es sich, dieses Gespräch Pflegekräften oder dem Hausarzt zu überlassen, da sie außenstehend sind und oftmals für Betroffene eine Vertrauensperson darstellen, mit denen über Inkontinenz gesprochen werden kann.

Die ersten Anzeichen einer Inkontinenz können sein, dass die betroffene Person oder der Wohnraum bzw. vor allem das Badezimmer vermehrt oder wiederkehrend nach Urin oder Stuhl riecht. Oftmals gehen Betroffene oft prophylaktisch auf die Toilette oder ziehen sich aus dem öffentlichen Leben zurück. Auch das Vermindern der Flüssigkeitsaufnahme oder das häufige Wechseln der Kleidung kann als erstes Anzeichen verstanden werden. Auch das heimliche Kaufen und ein angestiegener Verbrauch von Slipeinlagen oder Binden kann ein erster Hinweis sein.

Die Risikofaktoren sind sehr vielfältig. Das Risiko, an einer Harn- oder Stuhlinkontinenz zu erkranken, wächst mit steigendem Alter. Übergewicht kann ebenso wie eine Veranlagung oder wiederkehrende Blaseninfektionen als Risiko angesehen werden. Frauen haben grundlegend ein höheres Risiko als Männer, auch Schwangerschaft oder die Menopause sind Risikofaktoren einer Inkontinenz. Zusätzlich können Erkrankungen wie Schlaganfall, Diabetes, Verstopfung, Parkinson, Demenz, Multiple Sklerose oder Prostatavergrößerungen als Risikofaktoren verstanden werden. Ebenso zählen verschiedene Medikamente wie etwa Psychopharmaka, starke Schmerzmittel, antiallergische Medikamente, Medikamente gegen Depressionen oder neurologische Medikamente als Risikofaktoren. Aber auch umgebungsbedingte Risikofaktoren, wie etwa eine schwer erreichbare Toilette, schlechte Beleuchtung oder störende Türschwellen, sowie zu enge Bekleidung können eine Inkontinenz begünstigen.

Um zu verstehen, welche Art Inkontinenz Sie oder Ihr Angehöriger haben, werden im Folgenden die drei verschiedenen Formen der Harninkontinenz vorgestellt (vgl. Dannecker et al. 2010):

1. *Belastungsinkontinenz:* Die Betroffenen haben einen unwillkürlichen Urinverlust bei körperlicher Anstrengung, wie bspw. Husten, Niesen oder beim Sport, ohne zuvor einen Harndrang verspürt zu haben.
2. *Dranginkontinenz:* Die Betroffenen leiden unter unwillkürlichem Urinverlust gepaart mit plötzlichem Drangempfinden.
3. *Mischinkontinenz:* Die Betroffenen leiden unter einer Mischform, bestehend aus unwillkürlichem Urinverlust mit Harndrang, aber ebenfalls bei körperlicher Anstrengung.

Darüber hinaus unterscheidet man folgende Sonderformen:

1. *Überlaufinkontinenz:* Hier haben Betroffene ungewollten Urinverlust durch eine Verstopfung der Harnröhre, meist als Folge von Prostata-Problemen bei Männern.
2. *Reflexinkontinenz:* Betroffene haben ungewollten Harnverlust aufgrund einer Querschnittslähmung oder einer neurologischen Erkrankung.
3. *Extra-urethrale Inkontinenz:* Betroffene haben ungewollten Harnverlust aufgrund anatomischer Fehlbildungen. Diese Form ist sehr selten (vgl. https://www.ppm-online.org/pflegestandards/expertenstandards/foerde rung-der-harnkontinenz/).

Nicht selten begünstigt eine Harninkontinenz Hautirritationen, wie bspw. Rötungen, die sich sogar blutig zeigen können. Hier ist es wichtig, dass Sie mit Ihrem behandelnden Arzt ins Gespräch gehen, um zeitnah Lösungen und eine adäquate Hautpflege zu finden.

Tipp: Zu den allgemeinen Maßnahmen zur Förderung der Harnkontinenz können folgende Maßnahmen ausprobiert werden, um die Problematik zu verbessern. Die Pflegekräfte können die Aufnahme der Flüssigkeit regulieren. Das begünstigt die Vorhersage von Toilettengängen und ermöglicht ein sogenanntes Toilettentraining, weil sich der Betroffene an die Toilettenzeiten gewöhnen kann. Bestehendes Übergewicht sollte reduziert werden, um eine bessere Mobilität und somit Autonomie für den Toilettengang zu erreichen. Schauen Sie sich zusätzlich die Umgebung des Betroffenen an. Sind die räumlichen Bedingungen adäquat, um die Toilette gut zu erreichen? Fehlt es an Sicherheitseinrichtungen wie etwa Handläufe? Wie ist die Bekleidung des Betroffenen? Ist er mit den richtigen Hilfsmitteln ausgestattet? Vielleicht hilft eine Toilettensitzerhöhung, gerade bei hochbetagten, pflegebedürftigen Betroffenen? Bitte kaufen Sie diese Erhöhung nicht selbst, Sie können sich derartige Hilfsmittel vom behandelnden Hausarzt verordnen lassen. Mit diesem Rezept gehen Sie in ein Sanitätshaus und lassen sich hierzu beraten. Das Sanitätshaus wird sich das Rezept genehmigen lassen und Ihnen eine Toilettensitzerhöhung sowie weitere Hilfsmittel nach Hause liefern. Gleiches gilt für Inkontinenzeinlagen, Katheter und weitere Produkte. Sie alle werden durch den Hausarzt verordnet und durch ein Sanitätshaus bzw. die letzteren Produkte auch über die Apotheke geliefert.

Zu den speziellen Maßnahmen zählen je nach Alter und Patient folgende Möglichkeiten:

- *Beckenbodentraining:* Die Beckenbodenmuskulatur wird durch das Alter geschwächt. Die Muskeln sind eng mit der Blase verbunden und helfen dabei, den Harndrang zurückzuhalten. Durch beabsichtigte Anspannung und Entspannung ist es möglich, die Beckenbodenmuskulatur zu stärken. Hierzu könnten Sie sich durch Physiotherapeuten in die Thematik und Abfolge einweisen lassen.
- *Blasentraining:* Blasentraining ist die Kombination aus körperlichem und geistigem Training. Hierbei geht es darum, fehlerhafte Ausscheidungsgewohnheiten zu verändern. Hierbei ist jedoch Geduld gefragt, da falsche Gewohnheiten über Jahre antrainiert wurden. Im Prinzip geht es darum, die Zeit zwischen den Toilettenbesuchen zu erhöhen. Nicht jeder Form der Harninkontinenz kann mit einem Blasentraining begegnet werden. Hierzu wird ein Gespräch mit dem Hausarzt, Gynäkologen oder Urologen hilfreich sein, um dem individuellen Problem zu begegnen.
- *Toilettentraining:* Wie beim Blasentraining geht es beim Toilettentraining darum, einen neuen Ausscheiderhythmus aufzubauen. Hierbei suchen Betroffene die Toilette zu festgelegten Zeiten auf. Es entsteht das

Gefühl der Kontrolle, was Menschen mit Inkontinenz hilft und entlasten kann.

Zu den Lösungsmöglichkeiten bei einer Harninkontinenz kommen zwei verschiedene Formen in Frage:

- *Aufsaugende Produkte:* Je nach Schweregrad der Inkontinenz können Sie sich mit körpernahen Produkten, wie etwa Einlagen und Wegwerfhöschen, oder körperfernen Produkten, wie etwa Bettschutzeinlagen, über ein Sanitätshaus oder eine Apotheke versorgen lassen. Hier können Sie sich von verschiedenen Anbietern ein Paket mit möglichen Binden und Einlagen liefern lassen, um die passende Variante für sich herauszufinden.
- *Ableitende Produkte:* Hierbei handelt es sich um den Gegenpart zu den aufsaugenden Produkten. Es handelt sich um Katheter oder Urinal-Kondome.

Auch hier kann Sie Ihr behandelnder Arzt informieren und gemeinsam mit Ihnen die richtige Versorgung einleiten.

7 Ruhen und Schlafen können

7.1 Schlafstörungen im Alter

Fallbeispiel

Herr Fridolin F. sitzt bei seinem Hausarzt und berichtet, dass er unter Tagesmüdigkeit leide. Seine Ehefrau, die ihn begleitet, vermutet, dass es daran liege, dass Herr F. ja auch nachts unruhig schlafe. Frau F. fragt, ob es sinnvoll wäre, ein Schlafmedikament zu verschreiben, da ihr Mann meist gegen 5:00 Uhr aufwache. Herr F. entgegnet:»Im Alter braucht man doch weniger Schlaf, da ist es doch nicht unbedingt besorgniserregend, dass ich schon so früh aufwache.« »Ist es denn normal, dass man im Alter schlechter und weniger schläft?«

Schlafstörungen sind häufig und kommen in allen Altersgruppen vor. Dies liegt u. a. daran, dass eine Schlafstörung letztendlich nur ein Symptom ist und verschiedene Gründe als Ursache haben kann.

Schlafstörungen haben relevante Auswirkungen auf die seelische und körperliche Funktions- und Leistungsfähigkeit und somit auf die Lebensqualität. Sie sind im Alter zwar häufig, aber deswegen nicht als »normal« hinzunehmen (Frohnhofen 2019).

Schlafstörungen können …

- selbst Ausdruck einer anderen Erkrankung oder Zustandes sein (Schlafapnoesyndrom, Morbus Parkinson, Depression, Restless-leg-Syndrom, Inkontinenz etc.).

- selbst zu Folgeerkrankungen führen. Schlafstörungen können Risikofaktoren für Herz-Kreislauf-Erkrankungen, Diabetes, Demenz oder auch Angststörungen sein.

Wie sieht denn eigentlich das Schlafverhalten und das Schlafbedürfnis von älteren Menschen aus? Physiologische (»normale«) Veränderungen im Alter:

- Tiefschlaf verringert sich
- Einschlaflatenz (Dauer der Zeit bis zum Einschlafen) erhöht sich
- Insgesamt wenig Veränderung der Gesamtschlafdauer
- Längere Dauer bis zum Wiedereinschlafen
- Neigung zu früherem Zubettgehen und dementsprechend auch früheres Aufwachen bei insgesamt wenig veränderter Gesamtschlafzeit durch z. B. abnehmende Tagesstruktur, ggf. weniger körperliche Aktivität und weniger Tageslicht als maßgeblichen Zeitgeber

Wie können Sie selbst zu einem gesunden Schlaf beitragen?

Schlafhygiene: Eine wichtige nicht medikamentöse Maßnahme ist das Beachten einer ausreichenden Schlafhygiene, aber was bedeutet das konkret?

Schaffen einer schlaffördernden Umgebung:

- Ruhige Umgebung (Weckschwelle bei ca. 60 db)
- Keine stimulierenden Substanzen ab nachmittags (unter Alkohol kann man zwar anfänglich ein besseres Einschlafen beobachten, allerdings führt dies dann im Lauf der Nacht zu einer Durchschlafstörung)
- Keine späten, üppigen Mahlzeiten
- Warmes, nicht koffein- oder alkoholhaltiges Getränk, insgesamt aber gegen Abend die Trinkmenge reduzieren, um zu vermeiden, dass Sie nachts häufiger zur Toilette gehen müssen
- Vermeidung von blauem Licht: Blaulicht wird durch elektronische Geräte wie Smartphones, Fernseher, Computer abgegeben
- Kurze Nickerchen am Tag, hier ca. höchstens 20 Minuten

111

- Erarbeitung von Ritualen, die Ihnen helfen können, den Tag Revue passieren zu lassen und »loszulassen«, dies können bspw. sein: ein Gespräch mit nahstehenden Menschen, Entspannungsübungen, ein entspannendes Bad, eine entspannte Bettlektüre etc.
- Überwiegend regelmäßige Schlafenszeiten

Beispiele für die unterschiedliche Ausprägung und Darstellung von Schlafstörungen:

1. Frau W. beklagt bei ihrer Hausärztin Schlafstörungen, die dazu führen würden, dass sie sich tagsüber häufig wie »gerädert« fühle, daher auch ihren Aktivitäten nicht mehr so nachgehen könne und auch insgesamt die Lust an Dingen verloren habe, die ihr früher Freude bereitet hätten, wie Garten- und Handarbeit.
2. Frau S. bespricht mit ihrem Ehemann, dass sie zukünftig in einem eigenen Bett schlafen werde. Dadurch, dass Herr S. nachts oft so unruhig sei, habe sie selbst schon fast eine Schlafstörung entwickelt. Herrn S. ist das natürlich unangenehm, kann es sich selbst aber kaum erklären, da er sich nicht an unruhige Nächte erinnern könne. Er fühle sich morgens jedoch nicht richtig erholt. Frau S. berichtet, dass sie glaube, dass ihr Mann Albträume habe, da er oft schreie und um sich trete.
3. Frau M. beklagt bei ihrem Hausarzt, dass sie nachts nicht schlafen könne, da sie immer irgendwie ihre Beine bewegen müsse, da diese sonst so komisch kribbeln würden. Umherlaufen helfe ihr, manchmal auch kaltes Abduschen.
4. Herr F. berichtet seiner Hausärztin von Schlafstörungen. Er schlafe spät ein, meistens so gegen 1:00 Uhr nachts, wache dann gegen 3:00 Uhr auf, mache dann meist den Fernseher aus, vor dem er eingeschlafen ist, und drehe sich im Bett um, manchmal trinke er vor dem Schlafen auch einen Verdauungsschnaps, da er v. a. abends gerne warm und eher deftig esse.
5. Die Tochter von Herrn Z. ist im Gespräch mit der Stationsärztin der Abteilung, in der ihr Vater gerade behandelt wird. Die Ärztin berichtet der Tochter, dass sie ihrem Vater ein Schlafmedikament gegeben hat, da er morgens schon immer spätestens um halb vier wach sei, das sei auf Dauer sicher nicht gut für ihn.

Wie Sie an den o. g. Beispielen sehen können, können sich Schlafstörungen sehr unterschiedlich präsentieren, wodurch eine genaue Anamnese und weitere Abklärung erforderlich sind. Daher ist es hilfreich, ein Schlaftagebuch zu führen. Diese können Sie sich im Internet herunterladen oder aber auch selbst erstellen.

Besondere Beachtung sollten folgende Aspekte finden:

• Schlafumgebung und Schlafhygiene hinterfragen
• Seit wann besteht die Störung?
• Handelt es sich eher um das Problem einzuschlafen oder durchzuschlafen, oder beides?
• Besteht eine Grübelneigung? Was hält Sie wach?
• Gibt es Hinweise für Atemaussetzer, dass Sie um sich schlagen oder lebhafte Träume? Hier führt meistens eine Fremdanamnese weiter.
• Wann schlafen Sie ein? Wann/wie häufig wachen Sie auf?
• Besteht eine Tagesmüdigkeit?
• Wie gestalten Sie den Tag? Halten Sie viele/lange »Nickerchen«? Sind Sie körperlich aktiv? Verbringen Sie Zeit draußen im Tageslicht?

Aufgrund der vielfältigen Gründe für eine Schlafstörung kann an dieser Stelle keine allgemeine medikamentöse Empfehlung gegeben werden. Es gibt wiederum auch Medikamente oder Substanzen, die den Schlaf beeinträchtigen können, wie z. B. Alkohol, Koffein, Tabak und Kokain, aber auch aktivierende Antidepressiva, Amantadin und Cortison.

Daher ist es wichtig, dass wenn die Gabe der Medikamente erforderlich ist, man diese eher am Morgen/bis spätestens zum Mittag einnimmt. Unabhängig von einer medikamentösen Therapie sollte immer die Beachtung der Schlafhygiene erfolgen. Nicht medikamentöse Therapien, die ebenfalls erfolgreich zur Anwendung kommen können, sind z. B. kognitive Verfahren. Hierbei erfolgt die Vermittlung von Informationen über den Schlaf, so können ggf. Befürchtungen und Missverständnisse ausgeräumt und das Schlafverhalten teilweise entpathologisiert werden.

Darüber hinaus sollten die Betroffenen auch erfahren, dass nicht jeder Erwachsene acht Stunden Schlaf benötigt oder dass häufiges, kurzes Erwachen im Lauf der Nacht üblich ist. Sogenannte dysfunktionale (nicht zielführende oder gar kontraproduktive) Gedanken sollen bearbeitet werden.

Es wird empfohlen, das Schlafzimmer zu nichts anderem als zum Schlafen oder zu sexuellen Aktivitäten zu nutzen. Wenn das Einschlafen nicht gleich gelingt (> 15 Minuten), soll man das Bett verlassen und in einem anderen Raum einer ruhigen Beschäftigung nachgehen.

Längere Liegezeiten im Bett ohne zu schlafen sollten ebenso unterlassen werden wie auch im Schlafzimmer fernzusehen, sich sportlich zu betätigen, zu essen, trinken oder zu rauchen, auf die Uhr zu schauen oder zu grübeln.

Ebenfalls wirksam bei Schlafstörungen ist die Schlafrestriktion, die der Regulierung des Schlaf-Wach-Rhythmus dient:

- Die Patienten dürfen nur so lange im Bett bleiben, wie sie tatsächlich zum Schlafen benötigen.
- Schlafenszeiten und -dauer werden nach einem vorher durchgeführten Schlaftagebuch festgelegt und teilweise verkürzt (nicht < 5 Stunden)
  - ➢ Die Betroffenen verbringen weniger Zeit im Bett, ohne zu schlafen und verbinden den Schlaf wieder stärker mit der Schlafstätte.
  - ➢ Das längere Wachsein erhöht die Müdigkeit und verkürzt das Einschlafen, zudem steigt der Tiefschlafanteil und der Schlaf wird insgesamt weniger störanfällig.

Zusammenfassend kann man sagen, dass Schlafstörungen mit steigendem Alter auch häufiger auftreten können, man diese jedoch nicht als »normal« abtun sollte. Schlafmangel kann sowohl Ausdruck verschiedener anderer Ursachen sein, hier überwiegend aus den Fachbereichen der Neurologie und Inneren Medizin, als auch ein Risikofaktor für die Entwicklung anderer Erkrankungen wie z. B. Bluthochdruck sein.

Daher ist eine gute Dokumentation, wenn vorhanden auch eine Fremdanamnese, sehr hilfreich, wenn Sie diese Beschwerden schildern. Zu beachten ist, dass »Schlafstörungen« nicht immer einer bestimmten Fachrichtung zuzuordnen sind und daher ggf. auch eine Vorstellung bei verschiedenen Disziplinen erforderlich machen kann. Inwiefern weitere Untersuchungen, inklusive einer Abklärung in einem Schlaflabor, zielführend sein kann, müssen Sie mit Ihrem Arzt besprechen. Auch hängt davon ab, welche Medikation indiziert sein könnte. Unabhängig davon können Sie selbst aber durch eine möglichst gute Schlafhygiene und die Beachtung einiger hier genannter Faktoren ihren Beitrag leisten (Frohnhofen und Schlitzer 2014).

8 Sich beschäftigen können

Fallbeispiel

»Wenn man so alt ist wie ich, braucht einen keiner mehr.« Hilde G. ist 87 Jahre alt und lebt allein in ihrer Wohnung. Sie hat viele Jahre als Studienrätin am städtischen Mädchengymnasium gearbeitet. Es war ihr Traumberuf und die Tätigkeit an der Schule hat sie so erfüllt, dass sie auch nie daran gedacht hat, zu heiraten und eine eigene Familie zu gründen. Das hätte in der damaligen Zeit für sie bedeutet, ihre Tätigkeit als Lehrerin aufgeben zu müssen, was für sie undenkbar gewesen wäre. Nach ihrem Ruhestand hat sie noch einige Jahre aushilfsweise in der Schule mitgearbeitet, doch als das Direktorium wechselte, war das für sie nicht mehr möglich. Sie fühlt sich seitdem sehr leer und traurig. Der Abschied aus dem Lehrbetrieb war für sie, als hätte sie ihre Lebensaufgabe verloren. Zudem machen ihr körperliche Einschränkungen zu schaffen, da sie inzwischen ein Hörgerät braucht und auf Medikamente angewiesen ist.

Viele ältere Menschen haben ähnlich wie Frau G. das Gefühl, dass sie nicht mehr gebraucht werden. Dieses Gefühl verstärkt sich besonders dann, wenn man auch körperliche Grenzen spürt und merkt, dass die Gesundheit nicht mehr so stabil ist wie früher. Frau G. konnte nicht mehr so gut hören und musste sich daher ein Hörgerät zulegen. Allerdings wird damit das Hörvermögen dennoch nicht mehr so sein wie früher. Ein Hörgerät ist sehr vorteilhaft und kann das Hörvermögen sicher verbessern, aber es gibt auch Situationen, da kann das Hören mit dem Hörgerät für manche Menschen fast so schwierig sein wie ohne Hörgerät, z.B. beim Telefonieren oder in großen Gesellschaften, wenn viele Menschen gleichzeitig sprechen oder auch bei lauten Geräuschen im Straßenverkehr. Frau G. war es immer gewöhnt, gut zu hören und ihre Schülerinnen zu verstehen. Wenn sie heute in einem Gespräch nachfragen muss, ist ihr das sehr peinlich und unangenehm, weil sie das Gefühl hat, nicht mehr so leistungsfähig zu sein wie früher. Dabei ist das Gegenteil der Fall: Menschen wie Frau G., die ein so hohes Alter erreichen, verfügen über ein Maximum an Lebenserfahrung, viel mehr als alle ihre Schülerinnen. Zudem hat Frau G. durch ihre langjährige Tätigkeit als Lehrerin auch eine sehr lange berufliche Erfahrung, länger als ihre jüngeren Kollegen. Dadurch hat sie sich auch in dieser langen Zeit ein sehr individuelles Fachwissen angeeignet, welches ebenfalls ganz persönlich mit ihr und ihrer Lebensgeschichte verbunden ist – wie jedes Wissen. Dadurch unterscheidet sie sich ebenfalls von Kollegen. Frau G. sieht diese großen Vorteile ihres langen Lebens aber (noch) nicht. Sie sieht momentan nur die veränderte Lebenssituation, die sie sehr bedrückt, da sie sich allein fühlt und die körperlichen Grenzen spürt. Sie fühlt sich einsam, vergessen und auch wütend auf ihren eigenen Körper, der nicht mehr so funktioniert wie früher. Sie spürt Hilflosigkeit, Überforderung und Ärger. Dies sind drei negative Gefühle, die uns alle belasten würden. Diese negativen Gefühle wurden bei Frau G. durch die veränderte Lebenssituation hervorgerufen. Doch warum nur diese negativen Gefühle? Warum nicht auch die Freude über ihr erfolgreiches Leben als Lehrerin, in dem sie vielen Schülerinnen die Chance gab, sich zu entwickeln und eigene Berufe zu ergreifen in einer Zeit, wo das noch nicht für jede Frau selbstverständlich war? Warum spürt sie nicht den Stolz auf ihr Wissen, das sie in all den vielen Jahren als Lehrerin erworben hat? Warum spürt sie nicht das Glück darüber, dass sie weiterhin selbstständig in ihrer Wohnung lebt und ihren Tagesablauf selbst bestimmt? Viele Menschen in ähnlichen Situationen wie Frau G. wissen darauf oft keine Antwort. Stattdessen spüren sie die negativen Gefühle umso mehr und haben neben solchen Fragen auch zusätzlich noch das Gefühl, nicht verstanden zu werden. Früher hatten sie so viele Interessen und Aufgaben, doch heute ist alles weg, keiner will sie mehr. Das ist aber ein Irrtum! Im Gegenteil: Die Herausforderung hier heißt, sich auf neue Aufgaben einzustellen und sein persönliches Wissen und seine persönliche Lebenserfahrung in diese neuen Aufgaben einzubringen. Als Frau G. eines Tages den Anruf einer ehemaligen Schülerin bekam, die sie fragte, ob sie ihrer eigenen Tochter Astrid nicht in Englisch etwas helfen könnte, war Frau G. gerne dazu bereit, es einmal zu versuchen. Als das junge Mädchen mit den Schulunterlagen vorbeikam und Frau G. das Vokabelheft, das Lehrbuch und das Mäppchen sah, hatte sie plötzlich wieder das Gefühl, in der Schule zu sein. Sie spürte, wie ihr Bewusstsein als Lehrerin wieder wach wurde und sie begann, mit Astrid Vokabeln zu lernen. Dadurch, dass sie nur eine Schülerin neben sich sitzen hatte und keine ganze Klasse, konnte Frau G. mit dem Hörgerät auch gut hören. Frau G. hatte nach der ersten Stunde so viel positive Gedanken, dass sie Astrid anbot, gerne auch wiederzukommen, wenn sie möge. Und Astrid kam wieder, mit Fragen in Mathematik und Biologie. Die beiden machten einen festen Termin jede Woche aus und während Frau G. Astrid ihre Fragen zu Mathematik, Biologie und Englisch beantwortete, erklärte Astrid ihr, wie man mit einem Smartphone Nachrichten und Fotos verschicken konnte und so mit Freunden und Bekannten in Kontakt bleiben konnte. Frau G. freute sich, als sie von einer Nichte Fotos aus dem Urlaub geschickt bekam. Sie hatte das Gefühl, ein bisschen auf der Reise dabei zu sein. Einmal brachte Astrid auch ihre Freundin Silke mit, die ebenfalls einige offene Fragen hatte. Nun hatte Frau G. zwei Schülerinnen, doch sie sprachen nicht nur über den Lernstoff aus der Schule. Die Mädchen wollten von Frau G hören, wie es »früher« war, als der Unterricht noch nicht mit digitalen Medien erfolgte, als man gesuchte Länder auf der ausgehängten Weltkarte mit dem Finger anzeigte und seine Feder in ein Tintenfass zum Auffüllen steckte. Frau G. kannte diese ganzen Dinge sehr gut und erzählte gerne davon. Sie freute sich sehr, dass ihre beiden Nachmittagsschülerinnen an ihr und ihrer Geschichte Interesse hatten und sie fühlte sich in der neuen Rolle der Nachhilfelehrerin sehr wohl. Jetzt hatte sie nicht mehr das Gefühl, nicht mehr gebraucht zu werden, denn sie hatte ihre neue Aufgabe gefunden.

Zusammenfassend kann man feststellen, dass Aufgaben im Lauf des Lebens nicht verloren gehen, sie ändern sich nur. Jeder Mensch hat eine Aufgabe, ganz egal, wie alt er oder sie ist. Man darf auch um eine vergangene Aufgabe trauern – aber es warten neue Aufgaben auf einen. Wenn die Gesundheit nicht mehr so stabil ist wie früher, heißt das, dass man seine neue Aufgabe an sie anpassen muss – nicht, dass man sie deswegen nicht mehr erfüllen kann. Wenn traurige Gedanken so stark sind, dass man fast nur noch negative Gefühle spürt, dann ist es Zeit, einmal »Inventur« zu machen und zu schauen: Welche Aufgabe hat mich früher glücklich gemacht? Was hat mich interessiert? Welche Aufgabe würde mich heute glücklich machen? Wie kann ich sie erreichen? Gemeinsam mit einem vertrauten Menschen kann ein solches Gespräch einem helfen, seine neue Aufgabe schneller zu finden (Nakajima et al. 2022).

9 Soziale Bereiche des Lebens sichern können

Fallbeispiel

Die 43-jährige Irene P. ist sehr unglücklich und weiß auch, wer daran Schuld hat: ihr Vater! Wie kann er nur so rücksichtslos sein, so kalt und gefühllos, ihre Mutter einfach durch eine andere Frau zu ersetzen? Und das, obwohl die Beerdigung gerade ein Jahr her ist?

Ihre Mutter war mit Mitte 70 an Krebs erkrankt. Als die Diagnose gestellt wurde, war die Krebserkrankung schon weit fortgeschritten und es ging nur noch darum, die Schmerzen zu kontrollieren und die Patientin behütet zu begleiten. Frau P. hatte sich beurlauben lassen und viel Zeit am Krankenbett ihrer Mutter verbracht. Auch der Vater war da. Sie teilten sich die Unterstützung der Mutter ein, Frau P. blieb am Bett der Mutter und übernahm einen Großteil der Pflege, kochte und regelte den Haushalt, ihr Vater übernahm den Schreibtisch und das Telefon und regelte alles Finanzielle und Administrative. Sie trafen sich dann regelmäßig zum Mittagessen am Bett der Mutter, bevor Frau P. dann nachmittags wieder zu ihrer eigenen Familie aufbrach. Es war eine sehr anstrengende, aber auch sehr intensive Zeit mit ihren Eltern, vor allem mit ihrer Mutter. Frau P.‹s und ihre Mutter sprachen viel miteinander, solange es noch möglich war. Sie hatten schon immer ein sehr enges Verhältnis gehabt. Früher hatte die Mutter sich um sie gesorgt und gekümmert, jetzt versorgte sie ihre kranke Mutter. Ihr Vater blieb immer gerne im Hintergrund, sie haben sich gut verstanden, aber das Verhältnis war nie so eng wie das zur Mutter. Er war beruflich viel unterwegs und begründete es damit, dass er so für die finanzielle Sicherheit sorge. Und das stimmte, die Familie musste sich bis heute im

Alltag und auch in der aufwändigen Pflege der Mutter zu Hause keine Sorgen machen, der Vater regelte und organisierte alles. So konnte Frau P. sich auch ganz in Ruhe von ihrer Mutter verabschieden. Nach dem Tod der Mutter spürte Frau P. dann das große Loch, das diese in ihrem Leben hinterlassen hatte. Die Wärme, die Zuwendung, der Austausch fehlten ihr. Sie hoffte, mit ihrem Vater über ihre Mutter sprechen zu können und über das, was sie gerade fühlte. Doch der Vater ging solchen Gesprächen wiederholt aus dem Weg. Er bat sie um Geduld, da er gerade die Beerdigung organisiere, die Traueranzeigen vorbereite und sich um die Nachlassregelung kümmere. Frau P. wartete, versuchte, es rational zu sehen, es sei ja nachvollziehbar und sie dadurch entlastet. Sie konzentrierte sich auf die Beantwortung der Kondolenzpost.

So viele Menschen dachten an ihre Mutter und sagten so viel Positives über sie. Das war so schön! Frau P. empfand das als großen Trost und versuchte auch, das mit ihrem Vater zu teilen. Doch auch jetzt war er zu sehr beschäftigt und fand auch nach der Beerdigung keine Zeit für einen Austausch. Frau P. fand das sehr schade, fühlte sich allein, aber sie nahm es an, denn immerhin blieb ihr die ganze Rennerei mit Versicherungsregelungen, Ab- und Ummeldungen und die Gänge zum Notar erspart. Die Zeit verging. Zu Weihnachten wollte Frau P. ihren Vater zu sich einladen, damit er mit ihr und den Enkeln zusammenfeiern könne und nicht allein sei. Ihr Vater lehnte ab. Der Weg sei doch recht weit und er könne es sich bei der ganzen Schreibtischarbeit, die noch anstehe, nicht leisten, mehrere Tage wegzufahren. Frau P. war sehr enttäuscht, akzeptierte es aber und sagte nichts weiter dazu. Es blieb bei wöchentlichen Telefonaten mit ihrem Vater, in dem sie über Vieles sprachen, nur nicht über die Mutter und auch nicht, wie es ihnen beiden ohne sie geht. Zu Ostern kündigte Frau P. an, ihren Vater zu besuchen, doch er sagte, er sei unterwegs bei Freunden zum Osterbrunch. Frau P. war sehr überrascht freute sich aber für ihren Vater. Als sie ihn einige Tage nach Ostern besuchte, klingelte es an der Tür und eine gepflegte ältere Dame brachte einen Kuchen vorbei. Sie stellte sich als neue Nachbarin vor, weswegen Frau P. sie noch nicht kennen würde. Sie unterhielten sich kurz, dann verabschiedete sich die Nachbarin. Obwohl sie die Geste der Nachbarin nett fand, war sie froh, dass sie wieder weg war. Eine andere Frau im Haus ihrer Eltern war ihr irgendwie unangenehm. Beim Kaffeetrinken mit ihrem Vater erklärte dieser, dass er sich freue, dass sie nun auch Margot kennengelernt habe.

Er verbringe in den letzten Wochen viel Zeit mit ihr und fühle sich seit dem Tod seiner Frau – ihrer Mutter – erstmalig wieder glücklich. Er und Margot würden darüber nachdenken, zusammenzuziehen. Frau P. blieb der Kuchen fast im Hals stecken. Eine neue Frau im Leben ihres Vaters? Das geht ja gar nicht! Sie wurde wütend und schrie ihn an, wie er denn Mutter gegenüber so untreu werden könne, wie er sie einfach so durch eine andere Frau ersetzen könne? Habe er denn gar keine Gefühle? Frau P. schrie und weinte, auf einmal sprudelte alles heraus, was zwischen ihr und ihrem Vater immer ungesagt geblieben war: Nie habe sie mit ihm sprechen können, immer habe er sich hinter seinem Schreibtisch verbarrikadiert, habe telefoniert und verhandelt, organisiert und geredet – nur eben nie mit ihr und Mutter! Und jetzt, kaum sei Mutter tot, suche er sich eine neue Frau und ersetze die alte. Wie herzlos sei das nur? Frau P. sank erschöpft in den Stuhl zurück. Ihr Vater war ganz still und schaute auf sein unberührtes Stück Kuchen auf dem Teller. Dann blickte er auf und fragte nur ganz ruhig, ob sie wirklich glaube, dass er herzlos sei?

Dann begann er zu reden, langsam und stockend zunächst, dann immer flüssiger: Wie er ihre Mutter kennengelernt habe, damals auf der Tanzveranstaltung, wie sie ihn angesehen habe mit ihren wunderschönen Augen, das lange Haar und das bunte Kleid, das sie trug – er habe diesen Moment bis heute vor Augen. Er wusste von diesem Moment an, dass sie die Frau seines Lebens sei – und es immer geblieben ist – bis heute. Ihr Tod habe ihm den Boden unter den Füßen weggezogen, er habe versucht, sich irgendwo festzuhalten und das einzige was half, war zu arbeiten, zu organisieren, alles zuverlässig für sie und die gemeinsame Tochter zu regeln. Das sei schließlich immer sein Ziel gewesen, dass es diesen beiden wichtigsten Frauen in seinem Leben gut gehe. Dafür habe er immer gearbeitet. Er sei nicht gut mit warmen Worten und Umarmungen. Das habe seine Frau viel besser gekonnt, immer schon, und ihre Tochter habe es geerbt. Er sei so dankbar gewesen, wie Frau P. sich um die Mutter gekümmert habe, das hätte er niemals geschafft, er habe sich völlig überfordert gefühlt. Es tue ihm so leid, dass er ihr »herzlos« vorkäme, aber er wisse eben nicht, wie man »Herz« zeige. Im Kinderheim habe er das als Kind nicht gelernt. Bei seiner Frau habe er dann das erste Mal Wärme erlebt, Liebe und Zuneigung. Dafür sei er ihr ewig dankbar. Sie habe sich immer um ihn gekümmert, habe für ihn gekocht und den Haushalt gemacht. Er konnte es nicht, aber er war immer dafür dankbar. Im Gegenzug hat er sich bemüht, dass sie niemals Geldnot haben solle, dass sie immer alles hatte, was sie brauche. Frau P. war sehr betroffen. So offen hatte ihr Vater noch nie mit ihr gesprochen und auch noch nie seine Gefühle so offenbart. Ihr Vater hatte Gefühle! Tiefe Gefühle – für die Mutter und für sie. Das war wie eine Offenbarung! Eine große Welle der Zuneigung für ihren Vater durchflutete sie. Aber warum dann eine neue Frau? Weil er Angst davor habe, allein zu bleiben, wie damals im Kinderheim. Diese entsetzliche Einsamkeit, diese Verlorenheit wolle er nie wieder fühlen. Margot sei eine sehr nette Frau, sie könne zuhören und auch gut kochen, zusammen hätten sie einiges unternommen und er habe nach und nach wieder Freude am Leben gefunden. Die Mutter habe er nie vergessen und Margot werde sie niemals ersetzen können – so wenig, wie er Margots verstorbenen Mann ersetzen könne. Sie wollen nur Zeit zusammen verbringen und füreinander da sein. Und gemeinsam an ihre verstorbenen Partner denken, die immer Teile ihres Lebens bleiben würden.

Frau P. war tief berührt. Sie hatte in den letzten Stunden Seiten an ihrem Vater kennengelernt, die sie nie bei ihm vermutet hätte. Er war sensibel und mindestens genauso traurig wie sie über den Tod der Mutter. Aber er trauerte anders als sie. Und sie hatte ihre Familie, er war allein. Mit einem Mal sah sie Margot nicht mehr als Eindringling. Wenn sie ihrem Vater guttat? Beide hatten ihre Partner verloren und wussten, was das heißt. Beide wollten eine neue Lebensgemeinschaft, ohne die langjährigen Partner dadurch zu verraten. Sie sollten in Erinnerung Teil dieser neuen Lebensgemeinschaft sein. Frau P. fing an, sich für ihren Vater zu freuen, dass er Margot gefunden hatte. Und sie war sehr froh, dass durch Margot dieses klärende Gespräch möglich wurde, das ihr ermöglichte, ihren Vater viel besser zu verstehen.

Zusammenfassend weiß man heute, dass eine zufriedene Partnerschaft – auch im hohen Lebensalter – die Gesundheit stabilisieren kann. Dahingegen können wenig harmonische Partnerschaften, in denen es zu häufigen Streitigkeiten und Auseinandersetzungen kommt, bei den Betroffenen auch Stress auslösen, der sich seinerseits – vor allem, wenn er längere Zeit anhält – negativ auf die körperliche und seelische Gesundheit auswirken kann. Menschen können sich in solchen wenig harmonischen Partnerschaften oft genauso einsam fühlen wie alleinlebende Menschen ohne Familie und Partner. Man vermutet heute, dass nicht allein die Partnerschaft vor dem Gefühl von Einsamkeit schützt, sondern eher die Qualität der Partnerschaft: Ist es eine auf gegenseitigem Verständnis beruhende Verbindung, wie es der Fall zu sein scheint bei Frau P.‹s Vater und seiner neuen Lebensgefährtin Margot, dann kann diese neue Beziehung sehr befriedigend sein (Teti et al. 2022). In einer italienischen Studie konnte vor einigen Jahren ein interessanter Unterschied zwischen Männern und Frauen beschrieben werden: Die Studienergebnisse zeigten, dass das Leben in einer Partnerschaft besonders für Männer bedeutsam ist, da die Männer, die nicht in einer Partnerschaft lebten, ein höheres Sterberisiko hatten, als Männer, die verheiratet waren oder in einer Partnerschaft lebten (Scafato et al. 2008). Frau P.‹s Vater hat sich also intuitiv auch gesundheitsorientiert entschieden.

Partnerschaft bedeutet jedoch nicht, dass man unbedingt verheiratet sein muss. Viele Paare gehen auch neue Lebenspartnerschaften ein, ohne Trauschein oder kirchlichen Segen. Das Wichtigste dabei ist, dass beide glücklich sind und dass man das auch der Familie zeigen darf. Wenn sich die Familie mit einer neuen Partnerschaft schwertut, ist es am besten, wenn man offen darüber spricht. Meist können dann hemmende Vorurteile und Missverständnisse aufgedeckt werden, wie im Fall von Frau P. Sie hat Margot aus ihrer Sicht als Konkurrenz für ihre Mutter gesehen. Nachdem sie aber auch die Sicht des Vaters erfuhr und dessen Beweggründe für diese neue Beziehung, die kein Ersatz, sondern eine Alternative zu seiner Ehe mit Frau P. 's Mutter war und die ihm helfen würde, wieder Lebensqualität zu spüren, da konnte Frau P. ihn besser verstehen und auch die neue Beziehung akzeptieren. Der Versuch, die Situation aus der Sicht des anderen zu betrachten (= Perspektivenwechsel), kann sehr oft dabei helfen, scheinbar nicht nachvollziehbares Verhalten zu verstehen und zu akzeptieren.

Tipp: Sprechen Sie ein Thema an, wenn Sie merken, dass es zwischen Ihnen und einem Ihnen nahestehenden Menschen steht, und es droht, das Verhältnis zu entzweien. Oft liegen Missverständnisse vor, die sich leicht klären lassen und die Belastung nehmen.

10 Mit existenziellen Erfahrungen des Lebens umgehen können

10.1 Ein Riss durch die Familie

Fallbeispiel

Maria M. ist 86 Jahre alt und sehr unglücklich, da sich ihre Familie derart zerstritten hat, dass keine gemeinsamen Familienfeste mehr möglich sind. Dabei hat sie es immer so geliebt, wenn alle zusammen waren, zu Geburtstagen oder Weihnachten, dann hat sie für alle gekocht und alle haben zusammengesessen, die Kinder, die Schwiegerkinder und die Enkel. Es war immer so schön, sie fühlte sich immer so wohl mitten in ihrer Familie, da war sie am liebsten. Und dann kam es plötzlich zum Streit zwischen den Kindern. Hat sie nicht immer alle dazu erzogen, friedlich miteinander umzugehen? Und jetzt diese Anfeindungen! Dabei ist es doch das Wichtigste, die Harmonie zu wahren, sich selbst nicht so wichtig zu nehmen, zurückstecken, wenn es um das friedliche Miteinander geht; sie hat das immer so gemacht, das war ihre Überlebensstrategie. Denn was braucht man mehr als ein friedliches Zuhause?

Maria ist während des Zweiten Weltkrieges großgeworden und hat früh Trennungserfahrungen machen müssen. Ihre Eltern trennten sich, sie blieb bei der Mutter, ihr Bruder beim Vater. Maria vermisste ihren Bruder sehr, doch sie hatte kein Mitspracherecht. Als man ihr empfahl, aufs Gymnasium zu gehen, bat die Mutter Marias Vater um Unterstützung für das Schulgeld. Der Vater machte zur Bedingung, Maria das Gymnasium nur zu bezahlen, wenn sie zu ihm ziehen würde. Das lehnte die Mutter ab. Maria wurde nicht gefragt. Als sie erfuhr, dass sie nicht weiter zur Schule gehen könne, wurde sie sehr traurig. Aber sie hinterfragte nicht. Warum auch? Sie wusste ja, dass sie nicht gehört werden würde. Es war wieder eine dieser Entscheidungen, auf die sie keinen Einfluss hatte. Sie heiratete früh und bekam vier Kinder. Die Ehe war unglücklich, denn ihr Mann war herrisch, allein auf seine Karriere konzentriert und ein sehr strenger Vater, der auch vor körperlicher Züchtigung nicht zurückschreckte. Maria versuchte alles, ihn zufriedenzustellen und die Harmonie in der Familie zu wahren. Sie kümmerte sich um alles allein, Kinder, Haushalt, Garten. Wenn nur die Familie nicht auseinanderbricht! Das wollte sie um jeden Preis verhindern. Ihren Kindern ersparen, getrennt zu werden, wie sie von ihrem Bruder getrennt wurde. Dann lieber alles hinnehmen, sich selbst hinten anstellen, Hauptsache, die Familie bleibt zusammen. Sie beschwor die Kinder, zueinander und zum Vater lieb zu sein und immer den Frieden in der Familie zu wahren, damit sie sich nie trennten.

Dass dadurch aber auch Vieles unausgesprochen blieb und sich im Lauf der Zeit bei den Kindern viel Groll und Unmut anhäuften, die sich irgendwann entladen würden, damit rechnete sie nicht. Es entwickelten sich Rivalitäten zwischen den Kindern, Neid und Missgunst um die Zuneigung der Mutter und den Respekt des Vaters. Immer stärker rumorte es. Doch die wiederholten Beschwörungen der Mutter, den innerfamiliären Frieden zu wahren, zögerten den großen Knall lange Zeit hinaus. Dass er irgendwann kommen musste, war abzusehen. Und er kam. Entzündet durch die Lebensgefährtin des einen Sohnes, die ihre persönlich empfundene Unzufriedenheit über eine innerfamiliäre Diskussion zum Ausdruck brachte und damit all das ausdrückte, was ihr Partner über Jahre sich nicht getraut hatte zu sagen. Ermutigt durch ihre Worte fasste er sich ein Herz und sagte alles, was ihn seit Jahren störte, niemandem habe er es recht machen können, nie sei der Vater zufrieden gewesen, immer habe er den Bruder vorgezogen. Er kam immer mehr in Fahrt, es brach nur so aus ihm heraus – und steckte die übrigen Geschwister an. Als wenn die Schleusen geöffnet worden wären: Alle stritten miteinander, überhäuften sich mit Vorwürfen und Anklagen, Dinge, die teilweise Jahrzehnte zurücklagen, nun kam alles auf einmal heraus, was ungesagt und verschwiegen worden war. Frieden wurde unwichtig, alles musste endlich ausgesprochen, herausgeschrien werden, was so lang so sehr belastet hatte. Und es floss und schäumte und brodelte. Irgendwann wurde es ruhiger, alles war raus. Alle hatten sich voneinander distanziert. Sicherheitsabstand, Waffenstillstand. Maria war verzweifelt. Es war gekommen, was sie immer hatte vermeiden wollen: ein neuer Riss durch die Familie. Sie glaubte, versagt zu haben. Ach, wenn sich doch alle an den Händen fassen würden und wieder friedlich wären.

Marias Geschichte zeigt, wie sehr kindliche Erfahrungen einen Menschen prägen: Maria hat schon als Kind einen Familienzerfall erleben müssen, bei dem ihre Wünsche unbeachtet blieben. Die Trennung der Eltern mit der Distanzierung der Geschwister führte zu einem Bruch der sicheren Familienstruktur, die sich jedes Kind wünscht. Dass sie ihren Bruder, den sie sehr liebte, kaum noch sehen durfte, machte es für sie noch schwerer. Um nicht auch noch die Mutter zu verlieren, ihre letzte verbliebene Bezugsperson, richtete sie sich ganz nach ihr und stellte die eigenen Bedürfnisse hinten an. Dadurch hat sie eine wichtige Lebenserfahrung versäumt, nämlich zu lernen, dass sie das Recht hat, die eigenen Wünsche und Bedürfnisse anderen auch mitzuteilen. Da sie auch weiterschwieg, als ihr durch die Streiterei der Eltern der Besuch der weiterführenden Schule verwehrt blieb, wusste niemand – auch die eigene Mutter nicht – wie enttäuscht und resigniert Maria war. Auch in ihrer Ehe passte sich Maria an und drängte ihre Gefühle zurück – ihren Unmut, wenn der Mann sie und die Kinder anbrüllte, sich immer bedienen ließ und die Kinder bei Unzufriedenheit auch mal schlug. Maria hat ihren Kindern das beigebracht, was für sie eine wichtige Überlebensstrategie war: nicht widersprechen, sich anpassen. Dass unterdrückte Gefühle jedoch immer irgendwann einmal ausbrechen und sich ihren Weg an die Oberfläche suchen, hatte Maria zwar befürchtet, aber immer versucht zu verdrängen. Heute ist sie tief traurig über die familiäre Zerrissenheit – aber sie sagt noch immer nichts. Warum auch? Es hört ja doch niemand.

Tipp: Es lohnt sich, seinen Gefühlen und Empfindungen Ausdruck zu geben, denn sobald sie Raum bekommen, drücken und belasten sie kaum noch von innen. Man selbst fühlt sich dadurch nicht nur entlasteter, sondern auch stärker, denn andere respektieren einen dann oftmals mehr. Wenn Sie mit einer Situation unzufrieden sind, äußern Sie es. Nur so haben Sie die Möglichkeit, etwas zu ändern. So wie Sie über einen guten Witz lachen oder bei einem traurigen Buch weinen, so darf man auch über eine erlebte Ungerechtigkeit schimpfen und so dafür sorgen, dass sie sich nicht wiederholt.

Maria könnte ihren Kindern ihre Geschichte erzählen und damit verdeutlichen, warum sie über die aktuelle Familiensituation traurig ist. Die Kinder und die Eltern könnten sich aussprechen und sich gegenseitig ihre Gefühle erklären, warum sie enttäuscht, verärgert oder frustriert sind. Oft hilft es, wenn man sich dann professionelle Unterstützung durch eine neutrale Person sucht, zum Beispiel durch einen Familientherapeuten oder einen ausgebildeten Mediator.

Zusammenfassend kann man sagen, dass Verhaltensweisen, die man durch Erfahrungen in der Kindheit erlernt, ganz oft so verinnerlicht werden, dass man sie das ganze weitere Leben hindurch bis ins hohe Alter hinein beibehält. Bei den meisten Menschen geschieht das ganz unbewusst und man behält diese Verhaltensweisen bei, auch wenn sich die Lebensumstände inzwischen geändert haben. Erst wenn man beginnt, sich dieser verinnerlichten Verhaltensweisen bewusst zu werden, und beginnt, sie selbst zu hinterfragen »Warum mache ich das eigentlich so?«, erst dann kann man auch beginnen, sie zu ändern. Der argentinische Psychiater Jorge Bucay erzählt in seinem weltbekannten Buch »Komm, ich erzähl dir eine Geschichte« die sehr eindrückliche Parabel von dem Elefanten, der als junges Tier an einen Holzpflock angebunden wurde, um nicht weglaufen zu können – und der bis ins Erwachsenenalter davon überzeugt ist, diesen mickrigen kleinen Holzpflock, der seine Freiheit beschneidet, nicht aus der Erde reißen zu können, da er es ja als Kind so erfahren hat (Bucay 2020).

10.2 Suizidalität im Alter

Fallbeispiel

Anneliese W. wundert sich, dass sie ihre Nachbarin Frau Margot F. nur noch selten sieht. Margot F. war immer bei den wöchentlichen Bridgeabenden dabei und freute sich immer über neuen Lesestoff, den Frau W. ihr aus der Bücherei mitbrachte. Sie war immer wissbegierig, eine sehr gebildete Frau. Aber wenn Frau W. jetzt bei ihr klingelt, wirkt sie so lustlos, ist sogar manchmal fast abweisend. Frau W. überlegt schon die ganze Zeit, was sie falsch gemacht haben könnte? Lag es an ihr? Margot ist so anders geworden, zurückgezogen, missmutig und irgendwie – unglücklich. Aber warum nur? Sie hat doch alles, was man sich wünschen kann. Als verbeamtete Lehrerin eine gute Pension, eine tolle Wohnung mit großer Sonnenterrasse, sie war bis zu dem Sturz im Herbst auch noch mobil, aber irgendwie hat sie sich seitdem verändert. Sie geht nicht mehr raus und ist für Anneliese W. so fremd geworden.

Frau W. macht sich zunehmend Sorgen. Doch wie soll sie an Frau F. rankommen? Sie will ja offenbar nicht. Oft geht sie zu ihr an die Tür und will klingeln, lässt es dann aber doch wieder. Was soll sie denn sagen?

Dann fehlen ihr eines Tages zwei Eier zum Backen. Sie hatte die Pfannkuchen doch ihren Enkeln versprochen. Kurzentschlossen geht sie zu Frau F. und klingelt, um sie um zwei Eier zu bitten. Es dauert, bis Frau F. die Tür öffnet. Als sie endlich im Türrahmen erscheint, ist Frau W. erschrocken, wie aufgelöst und verweint Frau F. aussieht. »Ach Du meine Güte, Margot, was ist passiert? Kann ich etwas für Dich tun?« Es kommt kein Widerstand und Frau W. tritt kurzerhand ein und nimmt Frau F. in den Arm. Diese lässt es ganz unerwartet zu. Ohne Gegenwehr lässt sie sich von Frau W. durch die unerwartet unaufgeräumte Wohnung zum Sofa geleiten. Als Frau W. Margot sich vorsichtig setzen lassen will, fällt ihr Blick auf den Couchtisch – und sie erschrickt. Dort liegen mehrere Tabletten aufgestapelt neben einem Wasserglas. »Margot, was ist passiert – willst Du Dir das Leben nehmen?« »Ach Anneliese, ich kann nicht mehr. Hilf mir bitte, ich will sterben. Ich halte es nicht mehr aus.«

Was war geschehen? Margot F. hatte nach dem Sturz ihren Lebensmut verloren, da sie nur langsam wieder auf die Beine kam. Der Kontrollverlust über ihren Körper bei dem Sturz, die Schmerzen durch die Prellungen und das Gefühl, allein zu sein in der großen Wohnung, waren einfach zu viel. Sie vermisste ihre sozialen Kontakte und mied sie gleichzeitig, weil sie nicht wollte, dass jemand sie so hilflos zu sehen bekam. Die Gedanken drehten sich im Kreis, sie verlor sich immer öfter in Grübeleien und der Wunsch zu sterben wurde mit der Zeit immer größer. Natürlich konnte sie das keinem sagen. Die anderen hätten es nicht verstanden, sie für verrückt und undankbar erklärt. Margot fühlte sich so elend und allein. Wenn der Tod nicht kam, würde sie ihn eben herbeiführen. Danach war sowieso alles egal. Ihr fielen die Tabletten ein, die sie in ihrem Schrank aufbewahrt hatte. Die Schlaftabletten, die man ihr nach dem Sturz verschrieben hatte; sie hatte sie nie einnehmen wollen und lieber aufbewahrt. Jetzt wusste sie, wofür sie sie brauchte. Doch gerade als sie sich entschlossen hatte, klingelte es, mehrfach, laut und mahnend. Margot folgte dem Ruf – und da war Anneliese an der Tür.

Anneliese konnte Margot überreden, gemeinsam mit ihr zu ihrem Hausarzt zu gehen. Zusammen mit Anneliese fühlte sich Margot sicherer und konnte ihrem Hausarzt von ihrer Lebensmüdigkeit berichten. Der Hausarzt zeigte großes Verständnis und bot ihr Gesprächsmöglichkeiten an. Mit Annelieses Hilfe schaffte Margot es nach ein paar Wochen wieder, den Mut zu haben, zu einem Bridgeabend dazuzukommen, der ihr sehr guttat. Nach und nach konnte sie auch wieder öfter die Wohnung verlassen und die beiden Frauen gewöhnten es sich an, jede Woche einen langen gemeinsamen Spaziergang zu machen. Die Tabletten warf Margot alle in den Müll.

Suizidalität bezeichnet den Wunsch von jemandem, sich das Leben zu nehmen. Untersuchungen konnten zeigen, dass die Suizidrate ab dem 70. Lebensjahr in Deutschland zunimmt, ganz besonders bei Männern. Ursachen für Suizidalität im Alter sind jedoch nicht zwangsläufig psychische Störungen. Sehr häufig spielen, wie im Fall von Margot F., belastende

Lebensereignisse und gesundheitliche Beeinträchtigungen eine Rolle. Menschen, die Suizidgedanken haben, sprechen meist nicht darüber, sondern neigen dazu, sich zurückzuziehen. Gründe dafür können die Angst vor Zwangseinweisung sowie das Wiedererleben unerträglicher Gefühle sein. Auch die Sorge, ein gutes Vertrauensverhältnis durch die Mitteilung solcher Gedanken zu zerstören, spielt eine Rolle. Als Risikofaktoren für Suizidalität wurden neben einem hohen Lebensalter wie im Fall von Margot F. auch ein hoher Bildungsgrad und ein guter finanzieller Status erkannt, möglicherweise weil diese Voraussetzungen eine Suiziddurchführung begünstigen können. Als wichtige Schutzfaktoren gegen Suizid konnten gute soziale Verbindungen erkannt werden, ebenso wie Religiosität (Lindner et al. 2022).

> **Tipp:** Wenn Sie bei einem Ihnen vertrauten und nahestehenden Menschen ähnlich wie im oben aufgeführten Fallbeispiel einen unerwarteten sozialen Rückzug bemerken, der sich auch mal in Form von abweisendem Verhalten äußern kann, hinterfragen sie das Verhalten. Suchen Sie den Austausch mit diesem Menschen, jedoch ohne der Person Vorwürfe zu machen. Wenn dieser Mensch Ihnen gegenüber seine Absicht äußert, seinem Leben ein Ende setzen zu wollen, ermutigen Sie ihn, (gemeinsam) einen vertrauten Arzt aufzusuchen, der helfen kann. Aber bedenken Sie, auch wenn es hart klingt: Ein Mensch hat das Recht, selbst darüber zu entscheiden, seinem Leben ein Ende zu setzen. Nützliche Hinweise zum Thema Suizidalität erhalten Sie hier:
>
> https://www.suizidprophylaxe.de/

Literatur

Bachl, N., Lercher, P., Schober-Halper, B. (2020). Bewegt altern. Professionelle Strategien für ein gesundes und aktives Älterwerden. Berlin: Springer.

Barbe, A. G., Schmidt, P., Bussmann, M., et al. (2018). Xerostomia and hyposalivation in orthogeriatric patients with fall history and impact on oral health-related quality of life. *Clinical interventions in aging 13*, 1971–1979.

Bowlby, J. (2016). *Frühe Bindung und kindliche Entwicklung.* 7. Auflage. München, Basel: Ernst Reinhardt Verlag.

Bucay, J. (2020). Komm, ich erzähl dir eine Geschichte. 23. Auflage. Frankfurt am Main: Fischer-Taschenbuch-Verlag (Fischer Taschenbibliothek).

Bundesministerium für Gesundheit (2022). Stürze bei älteren Menschen: Vorbeugung durch Bewegung. https://gesund.bund.de/stuerze-aeltere-menschen

Chamberlain, S. (2020). Adolf Hitler, die deutsche Mutter und ihr erstes Kind. Über zwei NS-Erziehungsbücher. Unter Mitarbeit von Gregor Dill. 7. Auflage. Gießen: Psychosozial-Verlag (Reihe »Edition Psychosozial«).

DDG Kongress, Abstractband (2016). Die Haut im Alter. Ästhetische Dermatologie 02. S. 14–15. doi: 10.1111/ddg.12964. PMID: 26913825.

Denham, M. J. (2011). Dr Marjory Warren CBE MRCS LRCP (1897–1960): The mother of British geriatric medicine. *Journal of medical biography 19*(3), 105–110.

DBfK (2017). Handlungsempfehlungen zur Pneumonieprophylaxe, https://www.pflegesoft.de/forum/index.php?action=dlattach;topic=8344.0;attach=5736

Dönitz, S. (2018). Ältere Menschen. In: Flake F., Dönitz S. (Hrsg.), *Mensch Körper Krankheit für den Rettungsdienst.* (2. Auflage., 523–536) Amsterdam: Elsevier.

Frohnhofen, H., & Schlitzer, J. (2014). Schlaf und Schlafstörungen beim alten Menschen: Teil 1: Epidemiologie und Diagnostik. *Zeitschrift für Gerontologie und Geriatrie, 47*(6), 527–537.

Frohnhofen, H. (2019). Schlaf und Schlafstörungen im höheren Lebensalter. Grundlagen und Therapiemöglichkeiten. Stuttgart: W. Kohlhammer.

Girrbach, G. (2019). Pressegespräch »Der Anfang vom Ende? Schwindel und Sturz im Alter – Ursache, Folgen und Behandlungsoptionen« anlässlich des Vestibularis Upgrade 2019, Aachen, 8. Februar 2019; Veranstalter: Hennig Arzneimittel. In: HNO-NACHRICHTEN 2019; 49(2), 51.

Haubrich, C. (2022). Oft übersehen – Ohnmacht und Kreislaufstörungen im Alter. *Nervenheilkunde, 41*, 465–470.

Heinze, C., Schniepp, R., & Jahn, K. (2015). Neurogeriatrie. Schwindel, Dysbalance, Benommenheit und Gangunsicherheit im Alter. *DNP – Der Neurologe & Psychiater, 16*(4) 46–52.

Kluge, I. (2013). Schlafstörungen. In: Kircher, T. (Hrsg.), Pocket Guide Psychotherapie. (S. 303–318). Berlin, Heidelberg: Springer.

Kratz, T., & Diefenbacher, A. (2019). Psychopharmacological Treatment in Older People: Avoiding Drug Interactions and Polypharmacy. *Deutsches Arzteblatt international, 116*(29–30), 508–518.

Lieb, K. (2019). Intensivkurs Psychiatrie und Psychotherapie. München: Elsevier.

Lindenberger, M. (2018). Schwindel – Fallbeispiele aus der Praxis für die Praxis. https://www.my-cme.de/wp-content/uploads/arztcme_schwindel_fallbeispiele_2 018.pdf

Lindner, R., Drinkmann, A., Schneider, B., et al. (2022). Suizidalität im Alter. *Zeitschrift für Gerontologie und Geriatrie, 55*(2), 157–164.

Melzack, R., & Wall, P. D. (1996). The challenge of pain. 2. Auflage. Harmondsworth: Penguin Books.

Mohr, S., Müller, C., Hildebrand, F., et al. (2022). Sturzprävention bei älteren Menschen durch ergotherapeutische Wohnraumanalyse, -beratung und -anpassung: eine Prozessdarstellung. *Zeitschrift für Gerontologie und Geriatrie, 56*, 408–414.

Moßhammer, D., Haumann, H., Mörike, K., et al. (2016). Polypharmacy – an Upward Trend with Unpredictable Effects. *Deutsches Arzteblatt international, 113*(38), 627–633.

Müntefering, G. (2019). Unbeobachtete Sturzereignisse von älteren multimorbiden Patienten – Einsätze mit oft erschwerter Beurteilbarkeit und Fallsteuerung. *Notarzt, 35*, 264–271.

Nakajima, H., Morita, A., Kanamori, S., et al. (2022). The frequency of job participation and well-being of older people in Japan: Results from JAGES study. *Archives of gerontology and geriatrics, 102*, 104720.

Pfeifer, A.-C., Ehrenthal, J. C., Neubauer, E., et al. (2016). Einfluss des Bindungsverhaltens auf chronischen und somatoformen Schmerz. *Schmerz (Berlin, Germany), 30*(5), 444–456.

Röhrig, G., Schmidt, P., Bussmann, M., et al. (2020). Do subjectively and objectively impaired oral health parameters influence geriatric assessment results in hospitalized geriatric patients? *European geriatric medicine, 11*(3), 465–474.

Röhrig-Herzog, G. (2021). Psychosomatische Grundversorgung in der Geriatrie. Falldarstellungen aus dem klinischen Alltag. Stuttgart: W. Kohlhammer.

Scafato, E., Galluzzo, L., Gandin, C., et al. (2008). Marital and cohabitation status as predictors of mortality: a 10-year follow-up of an Italian elderly cohort. *Social science & medicine (1982), 67*(9), 1456–1464.

Schaupp, A., Martini, S., Schmidmaier, R., et al. (2021). Diagnostisches und therapeutisches Vorgehen bei Sarkopenie. *Z Gerontol Geriat, 54*, 717–724.

Strutz, N., Kiselev, J., & Lahmann, N. (2020). Prädikatoren von Sturzereignissen in
Pflegewohnheimen: eine Querschnittstudie in Deutschland. *HBScience, 11*, 44–
51.

Teti, A., Nowossadeck, E., Fuchs, J., et al. (2022). Wohnen und Gesundheit im Alter.
Wiesbaden: Springer Fachmedien Wiesbaden.

Wall, S. N. (2015). Patterns of attachment – a psychological study of the strange
situation. *Taylor & Francis Ltd.*

Warren, M. (1951). Convalescence for the Elderly Patient. Ment Health (Lond).
Spring, 10(3), 68–69.

Wehling, M., & Burkhardt, H. (2019). Arzneitherapie für Ältere. Heidelberg, Berlin:
Springer.

Zegelin, A. (2016). »Leben in die Bude bringen«. *Die Schwester Der Pfleger 0. Jahrg.*
3(16), 1–4.

Sachwortverzeichnis